大学1年生の読書論

図書館長からのメッセージ

和田 渡 著

晃洋書房

はじめに

ロンドン大学で教えたジョン・サザーランドは、『若い読者のための文学史』（すばる舎、2020年）のなかで、こう述べた。「なぜ文学を読むのか。なぜなら、ほかのどんなものにもできないやり方で人生を豊かにしてくれるからだ。読むことで、さらに人間らしくなれるからだ。そして、じょうずに読めれば読めるほど、より多くの恩恵が得られるのである」（14頁）。クリック操作ひとつで膨大な情報や映像が得られ、暇さえあればいつまでもゲームに打ち興じることのできるネット・サーフィン世代に、サザーランドのことばは届きそうにない。熱心に説いたところで、「なに、それ？」という冷たい反応しか返ってこないだろう。サザーランドによれば、われわれはしばしば貧しい人生を生きており、人間らしさが欠けており、上手に読むこともできていない。だからこそ、本を読むのだ。しかし、そうした現実に気づかなければ、自分の人生をもっと豊かにし、より人間らしくなり、本を上手に読んで賢くなりたいなどと望むことはないだろう。自分の精神的な貧しさや愚かさを知るひとが本を読むのは、読書を通じて自分の人生が少しでも豊かなものになることを身にしみて知っているからである。

詩人の長田弘は、『読書からはじまる』（日本放送出版協会、２００１年）のなかで、読書についてこう述べている。「ひたすら読む。じっくり読む。ゆっくり読む。耳を澄ますように、心を澄まして、言葉を読んでゆくほかに、読書のコミュニケーションはないというふうに、わたしは思いさだめています。／そこに伝えられないものがある。言い表せないものがある。はっきりと感じられているけれども、どうしても言葉にならないもの、言葉にできないままになってしまうものがある。何かとしか言えないような何かがある。／言葉から、あるいは言葉によって、そうした沈黙、そうした無言、そうした空白というものをみずからすすんで受けとることのできるような機会をつくるような、そういったコミュニケーションのあり方を大事にしてゆくことを考えたいと思うのです」（171〜172頁）。

必要な情報や知識がすぐに得られる実用書とちがって、すぐれた文学作品や詩は一読で終わらない。なかには読み手をはねつける本もあるが、2度3度と読んでいく間に、そのつど受け止め方が変わってくる本がある。奥深い本の世界は、読み手の成長とともに異なった姿を見せる。再読のたびに、新鮮な経験をもたらしてくれるのがいい本だ。読書とは、夢中になって本を読み、体や心のアンテナを張りめぐらして言葉と交流する時間を生きることだ。しかし、その交流がどれほど張りつめたものであっても、長田が言うように、なにが語られているのかがうまくつかめず、ことばの意味がすっきりと頭に入ってこないもどかしさにとらわれるときがある。ことばにしたくてもできないものとの出会いが生じる瞬間だ。沈黙を保つなかで、自分の無力を痛感する時間が流れる。まぎれもなく、文学には、読み手を当惑させる力がひそんでいる。

あるいは、精緻な蜘蛛の巣のようにたくみに張りめぐらされたことばの世界にがんじがらめになって脱け出せなくなることもある。作家の想像力によってつくられた怪奇な世界に翻弄されることもある。詩や俳句、和歌のことを考えてみてもいい。すんなり理屈におさまるものは、文学ではなくて、ただの標語にすぎない。なにか得体の知れない感じ、理解を超えた感覚こそが記憶にきざまれるのだ。

文学によって、困惑させられたり、打ちのめされたり、涙がとまらなくなったりするひとは幸いだ。そのたびに変身を経験しているからだ。変身とは、本を読んだあとには、自分や他人や世界を別の仕方で見つめるようになったということである。

われわれのうちの多くは、忙しく生き、生活に追われ、ひととの争いに疲れ果てて、病んで、老い衰えて、死んでいかねばならない。ゆっくり読書などしている暇はない、とそのようなひと達は言うかもしれない。

だからといって、読書をないがしろにすることはできない。われわれの暮らしのなかには、自分の見方を見直さなければ見えないもの、よく見ようとしなければ見えてこないものがある。それらを見つめることができるようになるためには、よい本を選んで、じっくり読んで、考え、考えたことをことばにする試みが欠かせない。それが変身につながるのだ。ただ読むだけでは十分ではない。考えたことを書くことによって心にきざみこんでいくことが大切だ。

長田は前掲書のおしまいをこう結んでいる。「すべて読書からはじまる。本を読むことが、読書なのではありません。自分の心のなかに失いたくない言葉の蓄え場所をつくりだすのが、読書です」(197頁)。

目次

はじめに

4月 April

1 青春・読書・人生 ——河合・三木・亀井の見方—— 1

2 先の見えない世界で ——先を見据えて生きる—— 13

5月 May

1 現代の危機と人類の行方 ——歴史・科学・哲学—— 24

2 コロナから見る世界 ——共存と侵略をめぐる問い—— 35

6月 June

1 身体との対話――スポーツ選手の考え方と生き方―― 46

2 引き出す力――対話の時間―― 57

7月 July

1 作家の感受力――生きることへの問いかけ―― 68

2 ただならぬひと――エリック・ホッファーの生涯と思索―― 78

8月 August

1 いまを生きる幸福――幸せのレッスン―― 89

2 苦しみを通して歓喜へ――フジコ・ヘミングと野田あすか―― 100

9月 September

1 憎しみと赦し――ルワンダへ、ルワンダから―― …… 112

2 虫たちの生と死――いのちが繰り広げる世界―― …… 123

10月 October

1 人間へのまなざし――窪美澄・村田沙耶香・犬養道子―― …… 135

2 ことばによって生きのびる――戦争に翻弄された実存―― …… 147

11月 November

1 古典の森を散策してみよう――プルタルコスの観察眼―― …… 157

2 自分とはなにか――ルソーの探求―― …… 168

12月 December

1 人生の塩──人類学者・エリチエの見方── 179
2 社会のなかで生きる──オルテガの社会学── 190

1月 January

1 始祖はこう語った──親鸞と道元── 202
2 野上彌生子と与謝野晶子の生涯──評伝を読んでみよう── 213

2月 February

1 現代に響く古代人の声──哲学者と喜劇詩人── 224
2 センス・オブ・ワンダー──レイチェル・カーソンの遺言── 235

3月 March

1 アメリカの一断面 ―スタンフォード大学管見― …… 246
2 読むことと書くこと ―贈ることば― …… 257
おわりに (269)
書名索引
人名索引

4月―1

青春・読書・人生

――河合・三木・亀井の見方――

筆者の若い頃、周囲の学生たちは、食費を削ってまで本を買い求め、ノートをとりながら熱心に読んだものだった。いまどきそういう学生を目にすることはあまりない。電車のなかで文庫本を読むひとも激減している。多くのひとから読書の習慣は消えつつある。

かつては、読書を習慣にすることの大切さを強調するひとが少なくなかった。いままでは、一般の新聞で本が話題になるのは、特定の読書週間か、書評欄か新刊書紹介の記事ぐらいだ。とはいえ、本を愛してやまないひとはいる。今回は、読書の意義を熱心に説いた3人が書いた、いまも読みつがれる本を紹介しよう。

河合栄治郎の『新版　学生に与う』（インタープレイ、２００４年）は、１９４０年に出版され、学生のみならず、勤労者や大人にも読まれた。本書は、前年に出版法違反事件で検事の取り調べを受け、勤務先の大学で休職を命じられた著者が、１９４０年の2月、3月の36日間で集中的に執筆した一冊である。河合はその後起訴され、１９４３年に大審院で罰金刑が確定した。戦時中は沈黙を強いられ、病気で急死した。行間に学生への愛情と期待があふれる情熱の書である。いまでも河合の著作を読み、その思想を研究するひとは少なくなく、本書を読みやすく改変した抄訳も出版されている。２０１６年には、「河合栄治郎研究会」の活動に共鳴した全国４大学の４ゼミが『学生に与う』をテキストとして採用し、ゼミ生の感想文を収録、出版したという。

河合栄治郎（１８９１～１９４４）は、東大で経済学を教えた。１９２２～２５年にイギリスに留学、1932～35年にドイツに留学し、ナチスの台頭を目にした。理想主義的な自由主義の立場から、マルクス主義にもファシズムにも反対した。学内の国家主義的思想をもつ教授と対立し、大学自治の問題で争った。

本書は第１部「価値あるもの」、第２部「私たちの生き方」からなる。第１部の「１　はしがき」で河合はこう熱く語る。「学生諸君、私は祖国の精神的弛緩に直面して、何ものかに訴えずにはいられない本能を感じる、だが諸君に訴えずして何に訴えるものがあろう。諸君は青年である、若芽のような清新と純真とに富んでいる、まだ悪ずれのしない諸君には、私の孤衷に聞くパトスがあろう」（15頁）。

河合は、第１部の「５　教養（１）」のなかで、教養を「自己が自己の人格を陶冶すること」（51頁）と定義している。それは学校に期待するものではない。学生ひとりひとりが自分の未熟さを自覚して、自分で自分を鍛えあげていく試みが、河合の言う教養である。この考え方が、第２部の「14　読むこと」の底流にある。河合によれば、自分の問題を求めて本を読むのが真の読書である。それがなにかを発見できれば、次には、解答を求めるための読書が続く（213～214頁参照）。読書は、著者のことばを自分で確かめ、自分で考え抜いて、自分が腹の底から納得できる道筋をつけていく一種の冒険なのである。それが学生時代から始まれば幸いだが、なかなかそうはいかない。「若い時に読書の趣味が身についていないと、人は一生読書する気持ちになれない。そして学生時代を経過したあとでも、本を読み続けているかいないかで、その人の一生の運命が定まるものである」（213頁）。人間にとっては、なにを選択するか、しないかがしばしば人生の分岐点となる。

河合は、古典を読むことを強調しつつ、こう述べる。「時間と空間を超越して、人であるかぎり何人の胸奥にも触れうる普遍性をもつものが、あの古典である。（中略）しかし古典には普遍性があるだけに、自分という特殊との繋がりをつけるのにほねが折れることがある」（208頁）。古典を読もうとするひとを、古典が遠ざけることもあるので、作家の伝記や、解説書などを読んで、準備して古典を読めばよいという。「一冊も古典を熟読したことがないのは、あまりに寂しい。自分を作ってくれたといえるような古典を、人は一巻でももちたいものである」（208頁）。

「15　考えること、書くこと、語ること」では、河合が自己経験の記述を交えて「考えることと書くこと」について興味深く述べている。「書くためにはすでに何か考えていることがなければならないはずであるが、さて、紙を前において筆をとってみると、なかなか書けないものである。そのときに考えていたことが、いかに朦朧としたものであったかが気づかれる。実際書くときほどわれわれの注意を集中させることはない。これに比べると読むことは楽なものである。書くとなると、おおげさにいうと骨を削り身を殺ぐという感じがする。それなればこそ、書くことにより、自分の考えが精密に正確になってくる」(218頁)。「書き始めた時と書いたあとを比べると、自分が自分以上になったように思うことがあるのは、書いているうちに、無意識に潜在していたものが、意識の界に顕在したからなので、そのこと自体は書くことからくるのではなく、考えることからくるのであるが、単に考えていると、ともすれば焦点がそれからそれへと移動して、考えがから回りをしているものである。それが書くとなると、焦点が決定されてくるから、注意がそれに集中することになる」(同頁)。書くことがどういう経験であり、そこにおいてなにが起きてくるかが見事に表現されている。

「語ること」に関しては、河合は軽妙な文章を残している。「書くことに上手下手があるように、語ることにもそれがある。何よりもまず、何をいわんとするのか、考えを整理することがたいせつであり、次にいわんと欲するところを、簡に失せず冗にわたらず、達意に表現することが望ましい。よく会合の挨拶や祝辞などで、何をいうのかわからないくらいに支離滅裂であったり、本人も始末にあぐんでつづまりがつきかねて困っていることなどがあるが、あれなど他人は迷惑千万で気をつけて貰いたいものである」(225～226頁)。

本書の第２部で、河合は学生に向けて、講義・試験、友情、恋愛、社会、職業、卒業などさまざまなことを語っている。80年も前に書かれたものだが、けっして古くさくはなっていない。いまの時代にはそぐわない主張も散見されるが、読めば刺激されることうけあいである。

三木清の『読書と人生』（講談社文芸文庫、2013年）は、1942年に出版された。その後、ふたつの出版社で文庫化されて、いまも多くの読者を得ている。

三木清（1897〜1945）は哲学研究を続けるかたわら、ジャーナリズムの世界でも活躍した。1930年に、日本共産党への資金援助の嫌疑を受け、治安維持法によって検挙され、そのために法政大学での職を失った。一旦釈放されたが、のちに起訴され、豊多摩刑務所に勾留された。同年に執行猶予付の判決を受けて釈放された。1945年に、治安維持法違反の容疑者を匿い逃亡させた容疑で再度検挙され、同刑務所に移送され、敗戦後ほどなく獄死した。

「如何に読書すべきか」は、貴重な読書論である。こう始まる。「先ず大切なことは読書の習慣を作るということである」（110頁）。「学生の時代に読書の習慣を作らなかった者は恐らく生涯読書の面白さを理解しないで終るであろう」（同頁）。河合と同じ見方だ。三木は、忙しくて本など読む暇はありませんと弁解するひとに向かってこう語る。「読書の時間を作るために、無駄に忙しくなっている生活を整理することができたならば、人生はそれだけで豊富になるであろう」（111頁）。「毎日、例外なしに、一定の時間に、たとい三十分にしても、読書する習慣を養うことが大切である」（同頁）。暇ができたら読書しようというのは、読書の習慣をもたないひとの口実にすぎない。三木はこう断言する。「読書にも勇気が必要である」（112頁）。いくら多忙であっても、時間を区切り、「よし、読むぞ」という気概をもって本を読むことが大切だということだ。この種の気概は、読書を望む強い気持ちがなければ生まれてこない。

三木によれば、読書は一種の技術である。「すべての技術には一般的規則があり、これを知っていることが肝要である」（112頁）。本の読み方には、多読、濫読、精読といったある程度共通の方法がある。ただし、読書という精神的な作業の場合には、一般的な規則に従う仕方に個人差が生まれるから、それぞれが自分にふさわしい技術を発明することが望ましいというのが三木の主張である（113頁参照）。そのためにはまず濫読が必要であり、それを通じて、やがて自分がじっくり読むべき一冊の本がみつかるというが、まさにそのとおりだろう。

「何を読むべきか」（118頁）については、三木の見解は明瞭である。善いものを読み、悪いものは読んではならないという見方である。「ひとはただ善いものを読むことによって善いものと悪いものとを見分ける眼を養うことができるのであって、その逆ではない」（118頁）。とはいえ、善い本を見分けることは容易ではない。それゆえ、他人の異見や批評を参考にしながら、「自分に役立ち、自分を高めてくれるような本」（123頁）を読むことが大切だという。そのためには、自分の資質を知らなければならない。やさしい本や、読者に媚びる本を遠ざけ、善いものにぶつかっていき、分かるまで読む習慣をもつことも重要だと三木は言う（118頁参照）。

三木が善い本としてあげるのが古典である。「古典は決して旧くなることがなく、つねに新しく、つねに若々しいところを有している。古典を読むことによってひとは書物の良否に対する鑑識眼を養うことができるのである」（119頁）。時代の感覚に触れ、今日の問題がどこにあるかを知るためには、新刊書を読むことも必要だが、古典の価値は不滅だと三木は考えている。

おしまいに三木は、「正しく読むということ」（124頁）を力説している。それは「何よりも自分自身で読む」（同頁）、「自分の見識に従って読むこと」（同頁）、「緩やかに読む」（125頁）ことである。これがいまの自分には必要と判断した本を、じっくりと自分で考えて読むということである。三木は、昔のひとにみられた緩やかに読むという善い習慣は、特に学生時代に努力して養われなければならないと述べている（同頁参照）。それこそが、人間の土台となるからである。「自分の身につけようとする書物は緩やかに、どこまでも緩やかに、そして初めから終りまで読まなければならぬ」（126頁）。

「緩やかに読むということ」は、「繰り返して読むということ」（同頁）である。本をよく理解するために必要なステップと見なされている。一度読むだけでわかる程度のやさしい本は読み飛ばしてもさしつかえないが、古典は注意深く、丁寧に繰り返して読むことを要求する。細部を吟味しながら読むことで、自分にとっての重要な意味が発見されることもある（128頁参照）。この「発見的に読むということ」の重要性が力説されている。「発見的に読むには自分自身に何か問題をもって書物に対しなければならぬ。そして読書に際しても自分で絶えず考えながら読むようにしなければならぬ。読書はその場合著者と自分との間の対話になる。この対話のうちに読書の真の楽しみが見出されねばならぬ」（128〜129頁）。

本書は、「読書は、思索であり、著者との対話であり、真の楽しみである」という三木の読書讃歌であり、三木の読書への情熱が伝わってくる。

亀井勝一郎の『青春論』（角川ソフィア文庫、２０１４年）は、１９５７年に出版された『現代青春論』の改訂版である。何度も版を重ねて、いまも書店の本棚に並んでいる。古びて、すぐに忘れ去られる青春論が多いなかで異色の本である。

亀井勝一郎（１９０７〜１９６６）は、大学在学中に左翼活動に入り、治安維持法違反容疑で検挙投獄された。転向を誓って釈放され、その後、国家主義者へと傾いた。戦後に論壇に登場するが、たびたび過去の「変節」を批判された。亀井の『日本人の精神史研究』は、急逝のため未完に終わっている。

亀井は、文庫版への「後記」のなかで、戦後10年間、機会があれば青年の直面しそうな問題を取りあげてきたと述べ、こう続けている。「それは青年に教えるというよりは、私自身の過去の青春をたしかめるとともに、その時期からになってきた問題を改めて思い起し、自分のうちの青春の連続をもたしかめてみたかったからである。時代は大きく変り、世代によってものの考え方も感じ方もちがってくるのは当然だが、他方では、いつの時代にも永続する問題もあるにちがいない。それについて語ってみたかった」(152〜153頁)。これは、50歳直前の中年男、亀井の告白である。思春期の恋愛や失恋、人間関係のもつれや葛藤を振り返る年齢に達したひとが語る青春論には、上滑りな体験談や自己顕示、若者への説教などが混じるものも少なくないが、それらの多くは時代の変化とともに色あせて消えていく。しかし、亀井は、自分の考え方が時代的な制約を受けていることを自覚しながらも、他方で、どの時代にも共通する青春の固有性とはなにかを突きとめようとしている。亀井にとって、青春は回想される過去にとどまらず、息づく現在でもある。亀井は、いまもなお持続している自分の青春の内実をたしかめるために書き、同時に青春というものの核心に迫ろうとした。亀井の青春論は、「青春とはなにか」という、どの時代の青春にも共通する本質を問う論考となったのである。それゆえに、時代が移ろっても読みつがれることになった。

本書では、友情、恋愛と失恋といった思春期を彩る問題への言及が目を引くが、もっとも印象に残るものとして、青年に期待するメッセージをあげてみよう。「若さに期待するもの」のなかで、亀井はこう述べている。「青年時代に一番大切なことは、いつまでたっても解決できないような、途方にくれるような難題を、自己の前に設定することではなかろうか。（中略）どんな難題でもいい。それを一つだけ担うことだ。重荷のように背負うことだ」（145～146頁）。難題のひとつが読書である。亀井は、入学生や卒業生に「読書三年計画」（これぞと思ったひとの全集を三年がかりで読み通す計画）を勧めてきたという。それによって、「知的に持続するエネルギー」（146頁）が養成されると考えるからだ。「働く人には困難だが、一冊の本でもいい、なるべくどえらいヤツを選んで、毎日一ページずつ、考えながら読むこと。平凡なことかも知れないが、こうした習慣を青年時代に身につけておくことは絶対に必要だと思う。青春は夢なのではない。現実的な、一刻も争えない人間土台構築の時期なのだ」（同頁）。「青春とははじめて秘密を持つ日」のなかでも、「地道に一つの本を精読し、一年も二年も時間をかけて、心ゆくまで厳しく探求する習慣をもつこと」（11頁）が大切だと強調されている。亀井が若者に期待するのは、自分に困難な課題を課して、自分を持続的に鍛える姿勢である。ニーチェも同じことを述べた。簡単にできることを後回しにして、面倒くさいことにチャレンジしなければ、つかの間の青春に悔いを残すことになるという忠告である。

亀井は、本書で、おそらく誰もが思春期に経験するできごとのエッセンスを清冽な文体で書きとめている。苦しみや悩みの多いこの時期に読めば、きっと生きるヒントが得られるだろう。

4月—2

先の見えない世界で

——先を見据えて生きる——

１９７９年に「岩波ジュニア新書」が発足した。その主旨はこうしるされている。「わたしたちは、これから人生を歩むきみたちが、生きることのほんとうの意味を問い、大きく明日をひらくことを心から期待して、ここに新たに岩波ジュニア新書を創刊します」。ジュニア世代の読者を念頭に置いたこのシリーズは、しかし、大人にも興味深いライン・アップとなっている。すぐれた絵本が子どもだけでなく、大人にも楽しめるのと同じだ。

『新・大学でなにを学ぶか』(上田紀行編著、岩波書店、２０２０年)は、このシリーズの一冊である。隅谷三喜男著『大学でなにを学ぶか』(１９８１年)の続編である。著者の13名は、全員が東京工業大学リベラルアーツ研究教育院で教えている。それぞれが自身の学生時代の経験を踏まえ、未来の大学生に率直な思いを伝えている。特に目を引くものを紹介してみよう。

伊藤亜紗の「女子学生たちへ」がお勧めだ。伊藤は、目の見えない人や吃音のある人など障害を持つ人の感じ方について研究するかたわら、目の見えない人と一緒にスポーツ観戦する方法の開発にも取り組んでいる(32頁参照)。この文章は、彼女がボストンのマサチューセッツ工科大学(ＭＩＴ)に客員研究員として在籍していた時期に書かれている。「女の子が、キャンパスにあふれる女子学生の多さに驚きつつ、日本の状況を思い起こす。

たいていは無意識のうちに、自分の生き方の選択肢を狭めてしまうような雰囲気が日本にはあるのではないか。日本の女の子は、何となく空気を読んでしまって、のびのびできていないのではないか」（34頁）。そこで、彼女はこうしるす。「女の子を思い切り贔屓して、女の子の背中を思い切り押すようなメッセージをつづりたいと思います」（同頁）。その一方でこうつけ加えている。「男性だって、あるいはそれ以外の性の人やマイノリティの人、障害を持っている人だって、生きづらさを抱えることがあるでしょう。そういった人たちにも、以下のメッセージが届くといいなと思っています」（同頁）。

伊藤は、「世界は書き込み可能（Writeable）」であるという感覚を持ってほしい」（35頁）と学生たちに願う。それは、世界を自分たちの手でよりよく作り変えることである。「アリが巣に住みながら絶えずそれを直し続けているように、私たちの生きる社会は作り途中なのです。どうしたら世界をもっとよりよいものにできるか。そのために自分は何ができるか。その前向きな力が、今の日本には圧倒的に足りていません」（35～36頁）。

彼女は、いまの日本の偏った傾向を批判する。たとえば、ウィキペディアンは9割が男性であり、哲学の文献には、出産の経験についての記述がほとんどない。「人間とは何か」を問うのが哲学だとしても、苦しい出産を経験する女性のことは軽視されている。障害者の経験や感じ方についてもあまり顧みられていない。だからこそ、彼女は、「ダメなところがたくさんある社会に書き込みをする」（40頁）ことを学生たち、特に女子学生に求める。「何か違和感を持つことがあったら、その背景を調べ、あなたに可能な書き込みをしてほしい。どんなに小さなことでも構いません。お客さんとして社会を傍観しているのではなく、プレイヤーとしてフィールドに下り、参加してほしいのです」（同頁）。理不尽な目にあって落ちこんだり、つまずいたりしても、なぜそうなるのかを考えて、現状を少しでもよい方向に変えようとしてほしいという強いメッセージだ。

中野民夫の「僕は大学時代、何よりも旅から学んだ」も面白い。彼は大学では宗教学を学び、7年間の営業職を経たのちに休職して留学した。30年会社勤めをし、早期退職して大学教員になった。

今日の大学では、学生たちはともすれば子ども扱いされ、厳しい出席管理によって授業に縛りつけられる傾向が強まっている。講義など馬鹿にして出席せず、学生運動や好きなことに熱中する学生が多かった時代とは隔世の感がある。

中野は、人生の意味や社会の理想について真剣に探究したいと期待して入学したが、大教室での一方的な講義に嫌気がさし、問題意識が合わない同級生ともうまくいかず、ひとり浮いてしまった（86頁参照）。「『もっと主体的な人生を始めなければダメだ』」（同頁）と思いつめた彼は、大学の外へと動いた。中古の原付バイクで佐渡島へ渡り、つづいて北海道を旅した。1年生の夏には休学を決意し、働いて貯めたお金でアジアの国々を旅したが、ミャンマーで体調を崩した。下痢と嘔吐に苦しむ病床で成人式を迎えた彼は、自分がいったいなにをしているのか無力感にとらえられる。「でも、そこからかな。本当の自分の人生の旅が始まったのは。自分の意思で主体的に始めたことには手応えがある。思った通りにはいかないことだらけで、厳しい試練にも出くわす。でも人は試練を経て、ようやく成長する。自らチャレンジして遭遇する試練は、受けて立つしかない。そしてそこから何かが始まる」（88頁）。体調がもどらず、彼はいったん旅の夢を諦めて実家に戻り、復学する。

中野は、その後も、インドやネパールなどに旅をしている。「石の寺院や碑があり、人々の祈りがあり、何かほっとする穏やかな世界」（91頁）が広がるネパールの山里を訪ねて感銘を受けたことがきっかけで、彼は「宗教学科」に進むことに決めた。3年生の夏には、3度目のインド旅行に出かけ、翌年の3月から半年間はアメリカから中南米を旅している。

中野は、旅から学んだことを3つあげている。ひとつ目は、インターネットを通じて知る世界とは別の「世界」である。「空気感、人々の表情、街のにおい、食べ物の味や辛さ、人の怖さと優しさ、文化の違いと奥深さ」（96頁）、それは全身で体験する世界である。この世界を肌で知ると、「自分がこれが『世界』だと思っていた世界はガラガラと崩れ、更新されていく。『世界』はどんどん大きく深くなり、何かを知れば知るほど知らないことがたくさんあることがわかり、人は謙虚になる」（同頁）。

ふたつ目は、旅を通じて身につく、自分で考え、判断し、決めるという「自己決定力」である。先の見えにくい現代を生きていくうえで、人生を豊かにするためには欠かせない力である（97頁参照）。

3つ目は、旅は好奇心と想像力、愛を育むということである。好奇心がなければ未知の世界の旅を楽しむことはできない。旅の経験を積み重ねていくことで、たとえ未知の出来事でもその細部を想像できるようになる（同頁参照）。旅の途上で万物の輝く瞬間に触れた感動が、こう表現されている。「この世界の一切が、自分も他者も自然も生きとし生けるものも、それぞれがかけがえのない輝きを持って瞬き始めるとき、全存在への愛が生まれる」（98頁）。

大学を出るのが1年や2年遅れても構わない。旅に出てみれば、生涯を通して輝き、相互に響き続けるたくさんの宝、ネタが得られるのだから、ぜひ旅をしなさい（同頁参照）。これが中野流のメッセージだ。

『10代の本棚　こんな本に会いたい』（あさのあつこ編著、岩波書店、2011年）は、作家や医師、教員など13人が若い時期の読書体験を自由につづったものである。いずれも読みやすい文章で書かれている。

あさのあつこの「はじめに」がすてきな内容だ。あさのは、本を読むという経験によって、見知らぬ他人同士であっても繋がることができ、現実に生きている誰かとだけでなく、本の中の世界、現実とは違う虚構の世界に生きる人々とも繋がっていけることに気づいたと言う（iii～iv頁参照）。「わたしは、本に出会うまでまったく気がつきませんでした。私を取り巻く世界は平凡で、つまらなく、わたし自身も平凡で、つまらない人間だと思い込んでいました。／もし、本に出会わなかったら……そう考えると、今でも、背中の辺りがぞわぞわして、つーっと冷たい汗が流れます。／本と出会い、本を知り、本を読み、それで、わたしの人生が全て薔薇色になったわけでもなく、幸福に包まれ続けたわけでもありません。思い悩むことも、心が重く沈むことも、号泣したことも、辛くて辛くて唇を血がにじむほど噛み締めたこともあります。今でも、どたばたと足掻き、頭を抱え、唸り声をあげているのです」（iv～v頁）。本は、ときにはわれわれを打ち砕き、生のどん底に追いこんでしまうのだ。われわれの悩みや苦しみ、悲しみ、痛みを即座に解消する力は、本にはない。本は現実の生活に直接に役立つこともない。にもかかわらず、なぜ本が存在し、必要とされているのかと、彼女は問い、その答えは13人の文章のなかに見つけられると述べる。

あさのは、本に対する信頼をこう表現している。「みなさん、人は本によって支えられ、励まされ、希望を与えられることがあります。（中略）みなさんが、ふっと『今日は本でも読もうかな』という気分になるまで、静かに待ち続けているのです。そんなに優しいのですよ、本は」（v〜vi頁）。

アン・サリーの「マンホールの暗闇の中で」を紹介しよう。彼女は在日コリアンの小学校時代に、全員で声を張り上げて歌うことに強烈な感動を覚えた。自分のアイデンティティがどこにあるのか悩む日々に、音楽が救いになった（16頁参照）。大学を卒業して内科医として働くかたわら、全国で歌のライブ活動を続けている。彼女は、小田実の『何でも見てやろう』に刺激され、アメリカに留学した。本を生きるよすがにしたひとりの患者との出会いが回想されている。「三〇代で亡くなった患者さんの枕元には、本が山のように積まれていた。言葉は少ないが本質を見据えたかのように目の光が鋭く、ぽつりぽつりと語られる言葉の力の強さが印象的だった。難治性の病気を抱えたことで、生きる上で余計なものがそぎ落とされ、研ぎ澄まされていったのかと想像する」（21〜22頁）。

本書には、それぞれの執筆者が若いころに夢中になって読んだ本がリストアップしてある。佐藤多佳子は「10代の伴走者」のなかで、わくわくしながら、繰り返し読んだ本として、トーベ＝ヤンソンの「ムーミン」シリーズ、ルーシー・M・モンゴメリの「赤毛のアン」シリーズなどをあげている（93〜94頁参照）。畑谷史代は「いつでも帰れる場所」のなかで、読書が苦手なひとにも自信をもって勧められる本として、アレクサンドル・デュマの『モンテ・クリスト伯』をあげている（143頁参照）。どの本でもいいので、「これ面白そうだな」と思ったら、まずは読んでみてほしい。好奇心からふと手に取った本が、みなさんの将来を変えるかもしれない。

頭木弘樹『絶望読書　苦悩の時期、私を救った本』（飛鳥新社、2016年）は、絶望状態にあるときに読むべき本の勧めだ。世の中には、ある時期に絶望的な状況に追いこまれ、どうしてよいのか分からず途方にくれるひともいれば、やがて本によって救われるひともいる。本書は、未来の展望が消えて、孤独な世界に落ちこんで抜けられないひとに向かって書かれている。

本書は2部構成である。第1部「絶望の『時』をどう過ごすか？」は、「なぜ絶望の本が必要なのか？——生きることは、たえずわき道にそれていくことだから」、「絶望したときには、まず絶望の本がいい——悲しいときには悲しい曲を」、「すぐに立ち直ろうとするのはよくない——絶望の高原を歩く」、「絶望は人を孤独にする——それを救ってくれるのは？」、「絶望したときに本なんか読んでいられるのか？——極限状態での本の価値」、「ネガティブも必要で、それは文学の中にある——非日常への備えとしての物語」の全6章からなる。第2部「さまざまな絶望に、それぞれの物語を！」では、太宰治、カフカ、ドストエフスキー、金子みすず、桂米朝、マッカラーズなどの本が紹介されている。

頭木は、大学の3年生のときに難病にかかった。医師からは、一生治らない病気であり、大学院への進学も、就職も無理で、ずっと両親の世話にならなければならないと告げられた（46頁参照）。「まだ二十歳の若者で、前途洋々と思っていたのが、突然に、問答無用に闘病生活を強いられ、未来の展望も失ってしまったのです」（50頁）。

頭木は、病院の見舞いで前向きな本や闘病記を渡されても読む気にはならなかったが、長期入院の経験者からもらった絶望的な内容の本がよかったと言う。その種の本は、なによりも心にしみ、共感できるし、普通のコースから脱落した人生の脚本を書き直す力をもたらしてくれるからだ（52〜53頁参照）。とはいえ、絶望の初期の段階から「絶望本」が読めるはずはない。頭木によれば、絶望の底に沈みこんでも、じっとそれに耐えていると、やがて「高原現象」という、絶望の横ばい状態が続く段階が訪れる（76〜77頁参照）。この段階をうまく過ごすには、絶望の文学や絶望の映画が有効だと言う。彼は活字好きではなく、できれば文字を読みたくないタイプだったが、病院では「自分の絶望と響き合う本」（93頁）のみをむさぼり読んだという。長期入院患者のなかには、本とのつき合いが薄かったひとでも、頭木が勧めたドストエフスキーの熱心な読者になったひとも多くいた（94〜95頁参照）。「生存をおびやかされ、どうしていいかわからない、精神的に追い詰められたときこそ、本を読みたくなるのだと思います」（99頁）。

「みんな、勝つのはいいことだと聞かされてきた。だが、私は言いたい、負けるのもいいことなのだと」（ホイットマン）、「人は幸運の時に偉大に見えるかもしれない。しかし、真に向上するのは不運の時だ」（シラー）などのことばに触発されて、頭木は、弱いひと、負けたひと、挫折したひと、困難を乗り越えられなかったひとのなまの声を聞きたいと思う（107〜108頁参照）。しかし、ネガティブな手記はほとんど日の目を見ないので、それに代わるのがネガティブ思考の底力を表現した文学作品だと、彼は主張する（110頁参照）。具体例としてカフカの『変身』や、ダニエル・キイスの『アルジャーノンに花束を』などがあげてある。

自分がどういう人間で、どういう状況にあるかで、どういう本を読むべきか、読まないほうがいいかがある程度まで決まってくる。頭木は自分の絶望体験のなかで、絶望したときに読む本に出会って救われた。本書は、本がいざというときの命綱になることを教えてくれる。

May　5月—1

現代の危機と人類の行方

——歴史・科学・哲学——

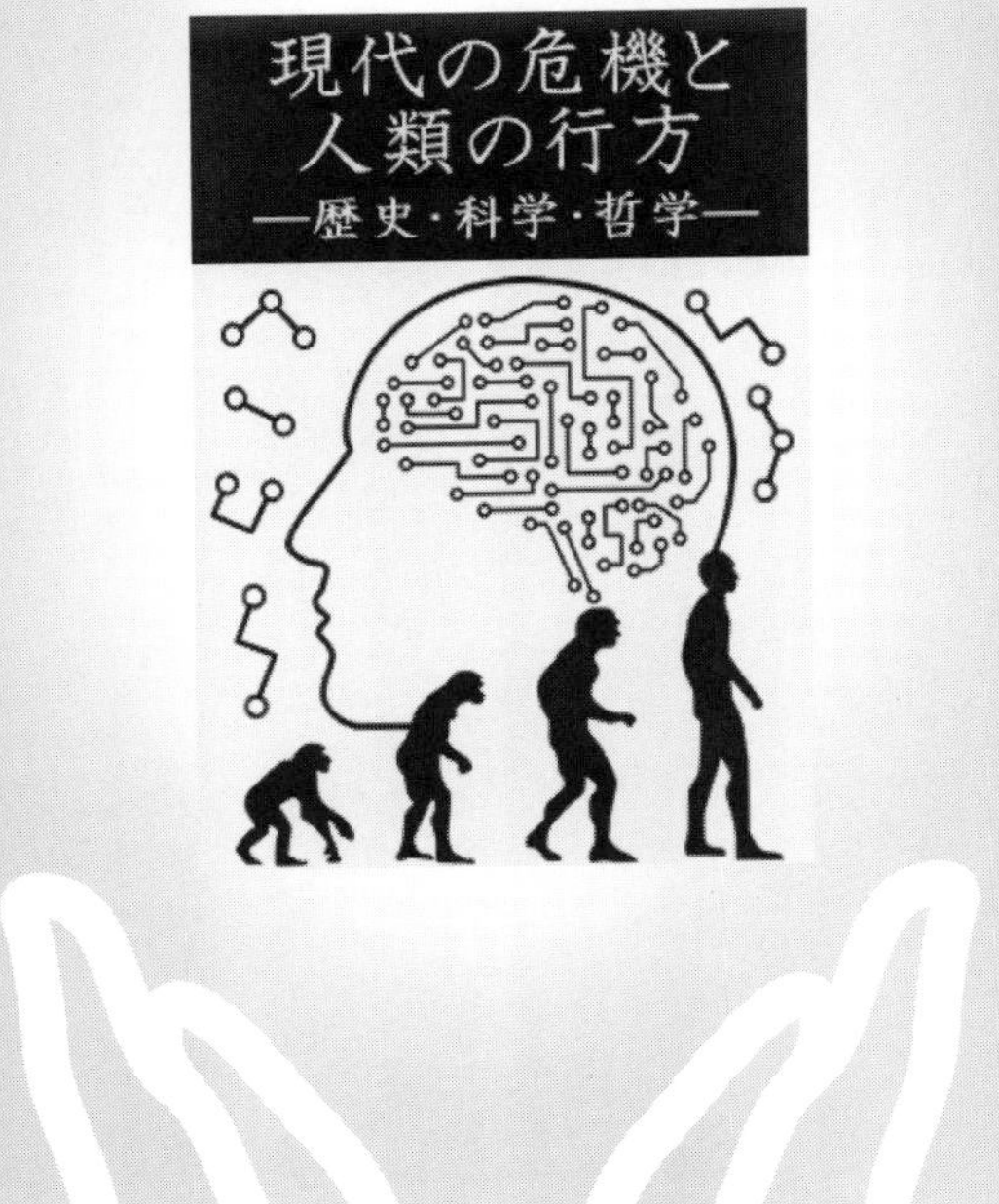

ユヴァル・ノア・ハラリの『ホモ・デウス　テクノロジーとサピエンスの未来』(上、下)(柴田裕之訳、河出書房新社、2018年)は、評判になった『サピエンス全史　文明の構造と人類の幸福』の続編である。著者は、オックスフォード大学で中世史、軍事史を学び、現在はヘブライ大学で歴史学を教えている。

「われわれはどこから来たのか。われわれは何者なのか。われわれはどこに行くのか」、画家のゴーギャンは、自分の大作にこのタイトルをつけた。『ホモ・デウス』は、この問いに答えようとする渾身の一冊である。『サピエンス全史』は、過去から現在にいたるまでの人類の歩みを、認知革命、農業革命、科学革命に焦点をあてて壮大なスケールで描いた。『ホモ・デウス』は現在起きていることを見据えつつ、人類の未来を予測している。

現在、AIやIT(情報通信技術)はめざましく進化し、遺伝子工学やサイボーグ工学、バイオテクノロジー、ナノテクノロジーの分野での発展も急である。錯綜しつつ相互に影響を及ぼし合う分野の全体を見通し、今後の展開を予測できるひとはいないし、危機的な事態がおとずれる前にだれかがブレーキを踏んで、人類の破滅を回避してくれると期待することもできない。これが著者の悲観的な見通しである(69～70頁参照)。こうした状況のなかで、未来がいったいどうなるのかを著者は見定めようとしている。

本書の第1部は、ホモ・サピエンスと他の動物の関係を考察している。その理由を著者はこう述べる。「超人的な知能を持つサイボーグが普通の生身の人間をどう扱うか、みなさんは知りたいだろうか？　それなら、人間が自分より知能の低い仲間の動物たちをどう扱うかを詳しく調べるところから始めるといい」(89頁)。第2部の中心的な問いは、「ホモ・サピエンスはどのようにして人間至上主義の教義を信奉するようになったのか？」(同頁)である。その教義とは、「森羅万象は人類を中心に回っており、人間はあらゆる意味と権威の源泉である」(同頁)という考え方である。著者は、その教義が経済的、社会的、政治的にどのような意味をもつのかを問題にしている。第3部では、現在の苦境と人類がたどりうる未来について説明がなされ、人間至上主義を実現する試みが凋落する理由が語られる。それに代わるものがなにかが問われている。第1章「人類が新たに取り組むべきこと」のおしまいはこう締めくくられている。「振り返ってみると、ファラオの失墜や神の死は、どちらも好ましい展開だった。人間至上主義の破綻もまた、有益かもしれない」(90頁)。

第2章「人新世」のなかでもっとも興味深いのは「生き物はアルゴリズム」と小見出しがついた箇所である。この見方は、過去数十年間の研究にもとづき、生命科学者たちが主張し始めたものである。「アルゴリズムとは、計算をし、問題を解決し、決定に至るために利用できる、一連の秩序だったステップのことをいう」(107頁)。このステップの維持のためにはデータが必要となる。データを重視する立場は、膨大なデータを収集、解析し、問題の解決をめざすデータ至上主義に行き着く。著者の予測によれば、21世紀はアルゴリズムに支配される（同頁参照）。結果として、これまでの人間中心主義に終止符が打たれるかもしれない。「人間至上主義が『汝の感情に耳を傾けよ！』と命じたのに対して、データ至上主義は今や『アルゴリズムに耳を傾けよ』と命令する」（下巻、239頁）。著者は、データ至上主義が世界を征服すれば、人間は「データへと落ちぶれ、ついには急流に呑まれた土塊のように、データの奔流に溶けて消えかねない」（下巻、243頁）と危惧している。

最終章のおしまいで、著者は、現代に見られる3つの相互に関連した動向を指摘している。第1は、科学が生き物はアルゴリズムであり、生命はデータ処理であるという包括的な教義に収斂しつつあるということ、第2は、知能が意識から分離しつつあるということである。第3は、意識はもたないが高度な知能を備えたアルゴリズムが、間もなく、われわれが自分自身を知るよりもよくわれわれのことを知るようになりうるということである（下巻、245～246頁参照）。著者は、この3つの動向は、次の3つの重要な問いを提起すると述べ、読者にもその答えの探求を期待している。「1　生き物は本当にアルゴリズムにすぎないのか？　そして、生命は本当にデータ処理にすぎないのか？／2　知能と意識のどちらのほうが価値があるのか？／3　意識は持たないものの高尚な知能を備えたアルゴリズムが、私たちが自分自身を知るよりもよく私たちのことを知るようになったとき、社会や政治や日常生活はどうなるのか？」（下巻、246頁）。これら3つの問いに答えるためには、科学的な生命論とは異なる仕方で生命について考え、意識することの意味や自己認識の可能性についても深く反省しなければならない。また、膨大なデータの集積によって判定される自己とは次元を異にする自己の存在領域がどこに見いだされうるのかも、慎重に考察しなければならないであろう。

本書は、副題に示されているように、日々進化するテクノロジーによって、未来にどんな事態が予測されるかを、膨大な知識を駆使して描き出した力作である。

スコット・ハートリーの『FUZZY-TECHIE　イノベーションを生み出す最強タッグ』(鈴木立哉訳、東洋館出版社、２０１９年)は、ひとつの先入見を打破する目的で書かれている。ハイテク主導の経済社会では科学、技術、工学、数学(ＳＴＥＭ)の分野で活躍できる職能が不可欠であり、人文系の学問で得られる知識や教養は役に立たないとする、今日では多くのひとが共有している偏った見方である。ハートリーは大学では政治学を専攻した。卒業後はグーグルやフェイスブックなどの会社に勤務してきた経歴をもち、文系と理系の協力の大切さを実感している。タイトルの「ファジー」(文系)と「テッキー」(理系)は、スタンフォード大学で用いられている表現であり、前者は人文科学や社会科学を、後者は工学や自然科学を学ぶ学生を指すという(1頁参照)。著者は人文系の教育を重視する理由をこう述べる。「テクノロジーが人々にとって身近で大衆的なものへと進化し、いたるところで目にするようになるとともに、リベラルアーツの意味合いを問い続け、人の欲求と欲望について深く考察することが、技術ツールを開発する上で必要不可欠の条件になってきたのだ」（2頁）。「この世の中で最も深刻な諸問題の解決策を見つけるには、コンピューターのコードだけでなく、人と人との関係性を理解する必要がある。倫理もデータも、深く思考する人々も深層学習する人工知能（AI）も、つまり人と機械の両方が求められているのだ」（3頁）。ユヴァル・ノア・ハラリは、『ホモ・デウス』のなかで、AIによってこれまでしていた仕事を奪われた人間は「無用者階級」になると予言したが、ハートリーの見方はもう少し楽天的である。自動化できる作業が増えても、状況に応じて柔軟に対応する作業や、複雑な問題の解決を機械に任せるわけにはいかないと考えているのだ。

技術革新が勢いを増すアメリカでは、STEMの分野で身につけた「ハードスキル」こそが有効で、文系の分野で「ソフトスキル」を学んで卒業しても、まともな職業には就けないと公言するひとも少なくないという。だがハートリーは、STEMスキルを学んでも、リベラルアーツ教育を受けなければ将来の活躍は期待できないだろうと述べる（24頁参照）。リベラルアーツ教育では、クリティカル・シンキングやディスカッションが重視され、創造力や問題解決能力、意志的な決定力、相手を説得させうる議論の展開力など現場の戦力としてなくてはならない能力が鍛えられる（29頁参照）。

ハートリーはこう述べる。「幅広い知識と思考方法を学び、世界が何でできているのかを知り、問題解決をどう図るべきかをよく探究しないと、自分が最も強い関心を抱いているものが何か分からないし、自分が没頭できる仕事も見つけられないはずだ――リベラルアーツ教育の中心的思想はここにある」(46頁)。彼によれば、学生が社会に出て働くうえでの基礎となるのは、その教育を通じて養われる批判的思考力、読解力、論理的分析力、論証力、論旨明快で人を納得させるコミュニケーション能力などである(47頁参照)。自分がなにをしたいのかを見定めるためには、自分がどういう人間であるのかをよく知らなければならない。職場での同僚との議論においては、自分の考えや意見を明瞭に表現し、相手が話すことを正確に理解しながら議論を深めていくことが求められる。そうした自己認識や他者認識のための道筋や手がかりを与えてくれるのが人文系の科目なのである。彼はこう指摘する。「文系社員と理系社員の協力体制を意識的に改善し、人間的要素と新技術ツールの可能性を理解できる正しいスキルを持った人々を積極的に迎え入れない企業は、急速に退化するおそれがある」(51頁)。

シリコンバレーで働くテクノロジーの専門家の多くは、自分の子どもをリベラルアーツ教育を推進する学校に通わせているという(218頁参照)。こうした学校で重視されているのは、知的な好奇心と自信、創造性、高いコミュニケーション能力、他人への共感力、学びと問題解決能力などである(同頁参照)。ハーバード大学の学長は、2016年のある講義のなかで、人文科学の勉強を通じて、よく考える習慣、批判的な目、人間の問題を解釈し、判断する余裕をもつための技術と情報、混乱や変化で忙しくうるさい世界に意味を見つけるための集中力、そして特に重要なものとして、他人の身になって考える共感力などが身につくと述べた（272頁参照）。理系の分野で学ぶ知識や技術は日々更新されるが、文系の学問で学ぶことは古くはならず、古典は不滅である。それをじっくり読み、考えることによって、人間や社会を批判的に見る目も養われていくのである。

ハートリーは、あるベンチャー・キャピタリストの主張を引用している。「『ロボットとAIが今よりずっと強力になる時代になっても、その時にもまだ、人々にはできるがAIにはできないものがたくさんあるはずだ。たとえば、創造力、イノベーション、探検、芸術、科学、エンターテインメント、他の人々を思いやる、といったことなど。機械にどうやってこうしたことをさせるのか、我々には皆目見当も付かない』」（334〜335頁）。スタンフォード大学の人工知能研究所の女性ディレクターの発言も紹介されている。「『私たち（人間）は、莫大なデータの計算は恐ろしく苦手です。けれども、物事を抽象的に把握し、創造性を発揮することは実に得意なのです』」（335頁）。

最終章では、加速度的に変化している社会に対応するために、今後はＳＴＥＭ教育対リベラルアーツ教育という対立図式を超えて、両者の融合と共存を視野に入れた教育が必要であると強調されている。テクノロジーの進化が労働や人間関係のあり方に予測できない変化をもたらす状況のなかで、それに対処していくためには、文系的な柔軟に考える側面と理系的な緻密な観察と分析の側面の協力が不可欠なのである。

ユヴァル・ノア・ハラリは、鳥瞰的な視点から人類の未来を予測して『ホモ・デウス』を書いたが、ハートリーは、ハイテク社会の急激な変化に実践的に対処するための処方箋を提示している。

『ホモ・デウス』の著者は、データ至上主義が社会を席巻すれば、人間はデータへと落ちぶれ、データの本流に飲みこまれて消えてしまいかねないと危惧した（前述）。今日の日本の社会では、ネットやマスコミの情報の渦のなかに巻きこまれた「自分」が、もはや情報の通過点にすぎないような状況が生まれている。

北村妃呂恵の『AI時代を生きる哲学　ライフケアコーチング　未知なる自分に気づく12の思考法』（明石書店、2018年）は、情報の巨大な力に押しつぶされて「自分」の濃度が薄まっていく日本で、「自分」にこだわり、「自分」について哲学書などを手がかりに考え抜き、やがて「自分」を他者へと開いていく過程を自伝的にまとめたものである。

著者はライフコーチングの考案者であり、2013年から京都でライフケアコーチング勉強会を始め、その後、活動を東京にも広げている。

著者は9歳のときに、「『わたしがわたしだと思うわたしとは何か？』」、「『なぜわたしは生まれてきたのか？』」、「『わたしが死んだらどうなるのか？』」（17頁）という問いを心に抱く。これらのすぐには答えの出ない問いと向き合うなかで、著者は哲学に出会い、さらに仏教思想や文学、教育学、心理学などを学び、「人がよりよく生きるための対人援助実践法」（32頁）としてのライフケアコーチングを考案した。

第1章「ライフケアコーチングの基礎」では、仕事や家庭、人間関係のなかでトラブルに苦しむひとに対話を中心にして、よりよい生活ができるように導くことをめざすコーチングの12の具体的な実践法が語られている。そこでは、意志や想像力、感情と思考などの重要な働きが注目されている（68〜69頁参照）。

第2章で、12の実践法に関する詳しい内容が記述され、第3章で実践の具体的な事例が紹介されている。そこでは、人間関係のもつれや葛藤などから追いつめられたひとが、著者との対話を通じて生活のリズムを取り戻していく事例や、あたらしい気づきの機会を得て立ち直るひとの事例などが報告されている。

生活のさまざまな場面におけるＡＩ技術の導入によって、われわれは利便性のかげで多くのものを失った。パソコンやスマホのお蔭で、手紙や葉書に切手を貼り、ポストに投函するわずらわしさは無くなったが、同時に、ひと文字ひと文字に相手への思いをこめて文をしたためるという贅沢な時間は消失した。ネット上での便利な情報伝達の背後で、ひととひとが直接顔を合わせてことばを交わす時間も激減した。だからこそ、「ＡＩ時代を生きる哲学」は、個々の人間の主体性を奪いかねないＡＩ主導型の社会で、ＡＩに抗してより主体的に生きることの大切さを声を大にして訴えている。

May　5月―2

コロナから見る世界

――共存と侵略をめぐる問い――

パオロ・ジョルダーノの『コロナの時代の僕ら』(飯田亮介訳、早川書房、2020年)は、2020年の春、急速にコロナ感染がひろがるローマで短期間に書き綴られた全部で27のエッセイをまとめたものである。日本語版には、イタリアの日刊紙に掲載された記事「コロナウイルスが過ぎたあとも、僕が忘れたくないこと」が「著者あとがき」として追加されている。文体はやわらかだが、その内容は、われわれにウイルスと人間、世界について何度でも考えることを促してくる。

パオロ・ジョルダーノは1982年にイタリアのトリノに生まれた。大学院では素粒子物理学を専攻した。2008年に『素数たちの孤独』で作家としてデビューした。この作品は200万部以上売れ、ストレーガ賞、カンピエッロ文学賞新人賞などを受賞した。

本書の原題はNel contagio(感染して)だが、邦訳は「コロナの時代の僕ら」である。このタイトルは本書の内容をよく反映している。「われわれの時代のコロナ」ではない。時代の主役はコロナであり、われわれはいまや地球上でわがもの顔にふるまう身分を奪われ、コロナに隷属するか、コロナと共存する存在でしかないのだ。ギリシアの悲劇作家のソフォクレスは、『アンティゴネー』のなかで、慮りを忘れ、傲りたかぶる人間は、やがてひどい打撃をこうむることになると述べた。ジョルダーノは、世界中でウイルスが猛威を振るう今日の状況のなかで、地球上の主役として各地で横暴で強欲な活動をしてきた人間に、「まだ十分に考えられていないことを考えること」と「生き方の転換」が求められていると言う。

「引っ越し」は、ジョルダーノの文明批判である。彼はこう述べる。「環境に対する人間の攻撃的な態度のせいで、今度のような新しい病原体と接触する可能性は高まる一方となっている。病原体にしてみれば、ほんの少し前まで本来の生息地でのんびりやっていただけなのだが」（64頁）。人間は、快適な生活のために土の道をコンクリート舗装し、そこに暮らしていた微生物や虫たちを殲滅《せんめつ》した。砕石のために山々を切り崩し、動物を別の場所へと追いやった。地方の山間部は、しばしば大量の不法投棄によって荒廃したまま放置されている。アマゾン川流域では、金鉱を採掘する人間が熱帯雨林を破壊し続けている。樹木はつぎつぎと伐採され、生き物たちは逃げるしかない。生き物の腸に生息する細菌も移動を余儀なくされている。人間の自然への蹂躙《じゅうりん》は収まりそうにない。

「あまりにたやすい予言」の冒頭で、著者はこうしるす。「ウイルスは、細菌に菌類、原生動物と並び、環境破壊が生んだ多くの難民の一部だ。自己中心的な世界観を少しでも脇に置くことができれば、新しい微生物が人間を探すのではなく、僕らの方が彼らを巣から引っ張り出しているのがわかるはずだ」（67頁）。自分たちがなにをしているかを謙虚に顧みない人間が、平穏に生きていた微生物や動植物に無慈悲なまでの攻撃を繰り返し、無抵抗な生きものたちは翻弄され、困惑している。著者はこう予言する。「COVID–19ととに起きているようなことは、今後もますます頻繁に発生するだろう。なぜなら新型ウイルスの流行はひとつの症状にすぎず、本当の感染は地球全体の生態系のレベルで起きているからだ」（69頁）。人間至上主義者たちの蛮行は緑の自然環境を荒涼としたものに変え、地球の温暖化を引き起こしている。豪雨や大洪水、旱魃、異常気象などは、それに抵抗してバランスを回復しようとする地球の苦しみの姿にも思える。

しかし、他方で、地球の温暖化の恩恵を受ける病気にとっては、好都合な環境が生まれている。エボラ、マラリア、デング熱、コレラ、ライム病、ウエストナイル熱などの病気だ（72頁参照）。今後も感染症はさまざまな地域で繰り返し流行するだろう。ジョルダーノは、自主隔離を強いる感染の流行が、僕らに考えてみることを勧めている。「何を考えろって？　僕たちが属しているのが人類という共同体だけではないことについて、そして自分たちが、ひとつの壊れやすくも見事な生態系における、もっとも侵略的な種であることについて、だ」（73頁）。

「日々を数える」のなかで、著者は『旧約聖書』の詩篇の祈りをひとつ引用している。「われらにおのが日を数えることを教えて、知恵の心を得させてください」（98頁）。感染が続いている状況下で、だれもが感染者数や死者数、退院者数、マスクの販売枚数、株価指数、会社の倒産数、失業者数などの数字を気にかけて不安な日々を過ごしている。それが避けられない日常だ。しかし、著者は、こう推測する。「詩篇はみんなにそれとは別の数を数えるように勧めているのではないだろうか。われらにおのが日を数えることを教えて、日々を価値あるものにさせてください――あれはそういう祈りなのではないだろうか。苦痛な休憩時間としか思えないこんな日々も含めて、僕らは人生のすべての日々を価値あるものにする数え方を学ぶべきなのではないだろうか」（99頁）。主の計らいによる一日一日をありがたい奇蹟として受けとめて生きていくなかで、知恵の心が養われていく、それが祈りの伝えるメッセージである。「おのが日を数える」とは、情報として刻々と伝えられる数字を知識として知ることではなく、与えられた一日を価値あるものにするために、いま問うべき問いがなんであるかを考え、その問いを深めていくことである。彼はこう提案している。「この時間を有効活用して、いつもは日常に邪魔されてなかなか考えられない、次のような問いかけを自分にしてみてはどうだろうか。僕らはどうしてこんな状況におちいってしまったのか、このあとどんな風にやり直したい？／日々を数え、知恵の心を得よう。この大きな苦しみが無意味に過ぎ去ることを許してはいけない」（99～100頁）。表層の知識は時間が経てば忘れ去られるが、「問いをたて、それを執拗に考える試み」によって少しずつ身につく知恵は失われない。

著者あとがきの「コロナウイルスが過ぎたあとも、僕が忘れたくないこと」は、著者の真摯な内省の記録だ。彼は現状をこう診断している。「僕たちは今、地球規模の病気にかかっている最中であり、パンデミックが僕らの文明をレントゲンにかけているところだ。

数々の真実が浮かび上がりつつあるが、そのいずれも流行の終焉とともに消えてなくなることだろう。もしも、僕らが今すぐそれを記憶に留めぬ限りは」（108頁）。現状をよりよく記憶するためには、現に起きている出来事を丹念に追跡するだけでは不十分である。それを見据えつつ、「今までとは違った思考をしてみるための空間を確保しなくてはいけない」（109頁）と彼は強調する。ひとつの問いが提示されている。「すべてが終わった時、本当に僕たちは以前とまったく同じ世界を再現したいのだろうか」（109頁）。仮にすべてが終わらないとしても、コロナ後にどのような世界を期待するのかは、ひとりひとりに問われている。

著者は、「僕が忘れたくないこと」として、9つの項目をあげている。4項目だけとりあげてみよう。最初は、購入していた飛行機のチケットを、搭乗できないと分かっても、とにかく出発したいという思いで諦められなかった自己中心的で愚鈍な自分の姿である（111頁参照）。2番目は、「頼りなくて、支離滅裂で、センセーショナルで、感情的で、いい加減な情報が、今回の流行の初期にやたらと伝播されていたこと」（111頁）である。3番目は、緊急情報がイタリア語を理解し、コンピューターを持ち、それを使いこなせるとみなされた市民向けに流され、移民たちのことは一切考慮されなかったということである（112頁）。4番目は、「今回のパンデミックのそもそもの原因が秘密の軍事実験などではなく、自然と環境に対する人間の危うい接し方、森林破壊、僕らの軽率な消費行動にこそあること」(113頁)だ。彼は、この4項目を通じて、彼自身の自己中心的な愚鈍性、多くのイタリア人の思慮の浅さやイタリア人中心主義、傲慢で横暴な人間たちの自己中心主義を記憶にとどめたいとしている。

われわれが地上で生息できるのは、大地がわれわれを支えているからであり、光や大気や水に恵まれているからである。植物が酸素を供給してくれなければ、われわれは死ぬしかない。われわれは地球という惑星の支配者などではなく、地球こそがわれわれの主であり、われわれは仮住まいを許されたもろくも、はかない存在にすぎない。こうした見方は、これまではごくまれにしか尊重されてこなかったかもしれない。しかし、一部の人間の自然や生き物に対する「侵略的なふるまい」が、地球上でのあっという間のウイルス感染に結びついているとすれば、われわれは自然に支えられて生きるものとして、自然に対する畏敬の念を忘れず、謙虚に生きることを学びなおさなければならない。大規模な森林開発や樹木の乱伐によってウイルスを難民化することを慎重に避けて、ウイルスとの共存を図ることが大切なのだ。

ジョルダーノは率直にこう述べている。「僕には、どうしたらこの非人道的な資本主義をもう少し人間に優しいシステムにできるのかも、経済システムがどうすれば変化するのかも、人間が環境とのつき合い方をどう変えるべきなのかも分からない。実のところ、自分の行動を変える自信すらない。でもこれだけは断言できる。まずは進んで考えて見なければ、そうした物事はひとつとして実現できない」(115頁)。いずれも尻ごみしてしまうような大問題である。しかし、だからといって放置してすませることはできない。たとえほんのわずかであっても、自分のできる範囲で、自主的に考えることを続けていくことが必要である。『まさかの事態』(116頁)は、今後も起こりうる。いま起こっていることを知り、これから起こることを想像することも求められている。

ドメニコ・スキラーチェの『これから』の時代《とき》を生きる君たちへ　イタリア・ミラノの校長先生からのメッセージ」(世界文化社、2020年)は、「生徒たちへの手紙」(2020年2月25日)と「追伸——日本の生徒たちへ——」(3月27日)の2部構成である。前半の手紙は、新型コロナウイルスの感染拡大により休校指示が出されたときに、高校の校長先生のスキラーチェがホームページに掲載したものである。

スキラーチェは1956年南イタリアのクロトーネに生まれた。大学で哲学を学んだあと、ミラノの高校で26年間、文学と歴史を教えた。その後いくつかの高校で校長を務めている。

スキラーチェは、この手紙を、1603年にミラノで流行したペスト騒動を描いたアレッサンドロ・マンゾーニの小説『いいなづけ』31章の冒頭部分の引用から始めている。中世のヨーロッパで大流行したペストでは、1億人以上が犠牲になった。この小説を読むと、ウイルス流行時には、外国人やよそ者の危険視、最初の感染者探し、制御のきかない噂話やデマ情報の拡散といった出来事が、いまも昔も繰り返されていることが分かるという。

スキラーチェは、『旧約聖書』の「伝道の書」第1章9節から、「日の下に、新しいものはない」ということばを引用している。この世界にはまったくあたらしいものはなく、常になんらかの先例があるという意味だ。ヨーロッパでのペストの大流行や、スペイン風邪の世界的大流行がそうである。

彼は、自分の高校の生徒に、自宅での気持ちのもち方や過ごし方について6つのことを伝えている。1　冷静さを保ち、群集心理にまどわされない、2　必要な予防策をとり、いつもどおりの生活を続ける、3　休講中の時間を生かして、散歩を楽しみ、良書を読む、4　元気なら、ずっと家に閉じこもっていない、5　スーパーや薬局に駆けこまない、6　マスクは、体調が悪く、必要とするひとたちに残す。いずれも、高校生の体調や健康、心理、行動に配慮したアドヴァイスである。

校長は、ウイルス流行による危機的な事態になると、マンゾーニや作家のボッカッチョが描いたように、われわれの社会生活や人間関係が毒されて、人間らしい行動ができなくなると述べる（14頁参照）。目には見えない敵がいたるところにいて、いつ襲われるか分からないと恐怖心にとらわれてしまうと、われわれは本能的に同じ人間を怖れたり、攻撃の対象とみなしたりするのだ（16頁参照）。それを避けるためには、われわれの貴重な財産である理性的な思考をもってほしい。それができなければ、ウイルスの勝利に終わると締めくくられている（同頁参照）。

後半の手紙は日本からの依頼によって書かれたものである。この手紙が書かれた3月下旬、イタリアの状況はさらに悪化している。死者は９０００人を超え、外出は禁止され、多くの企業は活動を停止している。高校ではリモート学習に切り替えられた。このシステムのお蔭で、先生と生徒との間のコミュニケーションが可能になり、生徒たちが生きている実感をもてるようになったと、校長は感じている。

しかし、家に閉じこもって過ごすのは苦しい。生身の人間関係を通じて成長する機会を奪われるのも辛いと感じる生徒は多い。校長は、アメリカの作家ピーター・キャメロンの小説『Someday This Pain Will Be Useful To You』を例に出して、現在の痛みが、いつかは皆さんの財産になるだろうと、希望のメッセージを伝えている。

校長はまた、隔離された時間を生かして、自分自身について、人生について考えるように望んでいる。「今回の非常事態は、21世紀に生きる私たちが抱いていた確信のいくつかを揺るがしました。自分たちを〝無敵の勝者〟だと思っていたのに、実は脆いことに気づかせてくれました。現代社会のすさまじいリズムに巻き込まれ、流されて生活していたのに、立ち止まらざるを得ない状況になりました」（39頁）。日本でも昨年までは、4月下旬から5月にかけての「ゴールデンウイーク」には、内外への大移動が起こっていた。ひとの移動が消えた現在は、校長が言うように、われわれの生活スタイルを見直し、命や愛、友情、自然など、本当に大切なものはなにかを静かに考える機会になるのかもしれない（39頁参照）。

校長は、この手紙のおしまいにこうしるしている。「この危機を乗り越えたとき、皆さんはきっと変わっていることでしょう。よい方向に変わることができるかもしれません。もっと自覚を持った、もっと素晴らしい人間になることができるかもしれません。本を読み、考えることで、この孤独な長い日々を無駄に失われた時間にせず、有益で素晴らしい時間にしましょう」（41頁）。

今回とりあげた2冊の本は、コロナ禍にみまわれて急遽出版されたものだが、現在の危機を乗り越えるヒントを与えてくれる古今の良書はほかにも無数ある。その種の本に魅了されて読みこんでいく間に、深く考える力が養われてくる。読書は、われわれが自分で自分を叱咤し、鍛えていく時間を生きることでもある。誰もが自室でできることだ。閉じこもりの時間から解き放たれて部屋を出るときには、いまよりも思慮深くかつ魅力的な存在になっていたいものだと思う。

June　６月―１

身体との対話

――スポーツ選手の考え方と生き方――

為末大の『「遊ぶ」が勝ち　『ホモ・ルーデンス』で、君も跳べ！』（中公新書ラクレ、2013年）は、子供時代の遊びの経験や、小学生時代から現在にいたるまでの陸上競技での試行錯誤、ツイッターを活用したコミュニケーション、将来の抱負などを語る一種の自伝である。ハードルにおける身体の動かし方を自分で研究し、他人のアドヴァイスを受け入れ、創意工夫をこらしてアスリートとして成長してきたプロセスが語られている。おしまいの方で、競技人生は30歳以降下り坂だったが、「それでも自分自身の身体の仕組みを探る旅はとても興味深くて、終盤になればなるほど理解は深まった。そして何より、それは面白かったのである」（196頁）と締めくくられている。

本書は、「遊びって何だろう？」、「スポーツと遊び」、「身体を遊ぶ」、「コミュニケーションが遊びを拓く」、「教養から遊びへ」、「キャリアと『遊び感』」、「『遊び感』の可能性」からなっている。

中学3年生で100メートル走者としてのピークを迎えた為末は、高校3年のインターハイでは400メートルにエントリーして優勝した。とはいえ、いずれ自分を追い越す選手が出てくることを予感して、身長が低くてもやれそうなハードルに切り替え、国体に出場して、当時の「世界ジュニア歴代2位」の記録で優勝した。それでも、100メートル走こそが陸上種目の王道だと信じていた為末は、短距離走へのこだわりを捨てきれずにいた（28頁参照）。その窮屈な姿勢を冷静に見つめなおし、世界水準で考えるという視点を獲得した段階から、為末には「『世界の舞台に立つ』」（29頁）という目標が見えてきた。「少し視点をずらして、別のところから物事を見てみると、自分のこだわりから抜け出すことができる。（中略）引いて自分を見ると、凝り固まってこだわってきたことの矛盾が現れてくる」（30頁）。「悩んでいる人は特に、『引く』とか『ずらす』という遊びの感覚を駆使して距離を取り、自分の中に『余白』や『ゆるみ』や『隙間』を作っていくことが大事だと思う」（31頁）。

「自分のこだわりから抜けられない」、「窮屈に固まった姿勢を崩せない」、「硬直したまま突っ走る」といった傾向から身を引いて、自分にゆさぶりをかけてみる。ぶざまな自分を笑い飛ばしてみる。それは、為末のことばを借りれば、「遊びの感覚を駆使すること」だ。周りの人を気にしたり、誰かに命令されて動いたりすると、どうしても意識過剰になって、動きがぎこちなくなる。そのぎこちなさを解きほぐすのが「遊びのセンス」なのだ。自分が好きなことをする場合には、動きは軽快で、しなやかなものになる。「自分から飛び込んでいった能動的な作業ならば、人は『遊び』の感覚や楽しさを持ちやすい」（38頁）。なにをするにしても、できれば楽しくやりたいというのが彼のスタンスだ。

２００１年の世界陸上で銅メダルを獲得した為末は、その後、周囲からの過剰な期待に応えるために「走らなくては」とあせった。「走りたいから走る」、「走ることが楽しいから走るんだ」という自由な気持ちではなく、「走らなければならない」という義務の意識が高まり、自由と責任という矛盾した気持ちのはざまで苦しみ、次第にスランプに陥った。その苦境を脱出するヒントを与えてくれたのが、ホイジンガの『ホモ・ルーデンス』（高橋英夫訳、中公文庫、改版、２０１９年）である。人類の発展に遊びが不可欠であったことを示し、画期的な文化史観を展開したこの本は、為末に衝撃を与えると同時に、力強いメッセージを授けた。「遊びとは、あるはっきり定められた時間、空間の範囲内で行なわれる自発的な行為もしくは活動である（傍点ホイジンガ）」（81頁）、「（つねにより高いものを追い求める）［筆者補足］努力を実現するために、人間に先天的に与えられている機能、それが遊びなのだ」（185頁）。こうした文章に刺激されて、為末は、「スポーツの根っこには、間違いなく楽しさと遊び感覚があるはずだ」（57頁）と確信し、競技人生を続けるなかでは「楽しさ」を殺してはならないと自戒した。彼はこうも述べている。「スポーツの競技会は、いわばお祭りだ。『僕はこんなに速いんだぞ』という見せびらかしごっこのような側面もある。日本でも、こんな感覚でスポーツを無邪気に楽しむ文化が醸成できたらいいと思う」（60頁）。勝敗を気にしたり、メダルの数を争ったりする前に、純粋にスポーツを楽しむことができればという願いがこめられている。

　本書のなかでもっとも興味深いのは、アスリートならではの身体論である。為末はパラリンピックの選手との練習から身体について数々のことを学んだという。彼は、右ひざが曲がらない状態での走行では、左手のふりがかなり大きくなることや、視覚に障害のある選手が幅跳びの練習をする場合には、リズムによって走るときのピッチ・歩幅と歩数の調整を行っていることに注目している（87〜89頁参照）。ハンディキャップは、身体のあらたな可能性を開くことにつながるということだ。為末自身も自分の視覚を遮断すると、着地の瞬間の足の裏の感覚が鋭敏になることを確認している。為末は、パラリンピックの選手との交流から、相手と自分とが全然共有していない世界があることを実感したという（122頁参照）。

為末によれば、厳しい練習を重ね、身体との対話を続けるアスリートの身体は「『感覚センサーの集積物』」（174頁）である。彼自身は、トレーニングを積んだ結果、靴を履いた状態で小石を踏んでも、その感触を感知できるという（同頁参照）。「身体のセンサーは鍛え上げられ、ずいぶん繊細になった。ほんの少しの変化も、即座にとらえられるような鋭さが備わった」（同頁）。「自分の筋肉に随意筋と不随意筋があり、どこまで自分の意志や感覚で筋肉が動くかということも知っている。意識が及ぶ領域と及ばない領域とを、区分けできている」（同頁）。ハードルの練習を重ねるなかで、身体の筋肉の状態を普段に観察し、思索を続けてきた経験がこうした文章に結実している。

為末の競技人生のなかで、本は重要な位置を占めている。本書では、『ホモ・ルーデンス』の他に、ドーキンスの『利己的な遺伝子』、フランクルの『夜と霧』、ギブソンの『生

態学的視覚論　ヒトの知覚世界を探る』、サン＝テグジュペリの『星の王子さま』、『武士道』、『葉隠』、『タオ』など為末の愛読書についても触れられている。こうした本は、為末に人間や人生について深く考える楽しさをもたらした。好奇心を満たすために本を手に取り、ワクワクしたくて手当たり次第にページをめくった（136頁参照）。「本は、新しい発見に出合える媒体であり、素晴らしい遊び道具だ」（同頁）。読書をしんどいこと、なにかを学ぶために必要なことと考えるのではなく、遊びととらえる発想の転換が、「視点をずらす」、「隙間をつくる」ということなのだろう。そうした転換をもたらす手助けをしてくれるのもまた読書なのだ。

平尾剛の『近くて遠いこの身体』（ミシマ社、2014年）は、かつてラグビーW杯の日本代表に選出されたこともある平尾が、ラグビーの練習や試合で感じたこと、考えたことをつづったものである。「序章　体育嫌いだったひとたちへ」、「身体の感覚を深める」、「ラグビーがくれたもの」、「痛みからの学び：私の身体論」、「『見る』と『聴く』：私の身体論2」、「時間も身体も超えて」の全5章、「終章　世界で戦うということ」からなっている。スポーツ科学的な観点からの身体へのアプローチは、膨大な情報にもとづく客観的な身体像を提供してくれる。この分野の知見は増える一方だ。しかし、平尾がこの本で述べるのは、タイトルや目次からも明らかなように、自分の身体経験の記述にもとづく一人称的な身体論である。

平尾も、為末と同じように、スポーツではなによりも楽しむことが大切だと強調している（29〜35頁参照）。平尾によれば、日本の高校や大学のクラブ活動では、『ラクをしてはいけない』」（31頁）、「苦しければ苦しいほど、しんどければしんどいほど、いい練習なのだ」（32頁）いう勘違いがまかり通っている。その結果、しごきや暴力的な「指導」が入りこむ。練習に苦しさが伴うのは避けられない。やめてしまいたいと思うこともあるだろう。その状況を念頭において、平尾はこう述べる。「苦しさやしんどさに心がヒリヒリするからこそ、それらに流されてしまわないように主体的な意志で私たちは『楽しもう』とするのである」（33頁）。「苦しみではなく楽しみを追いかけるように心がける。それが『楽しむスポーツ』というステージへの第一歩となる」（34頁）。「自分の枠組みの外に出るにはいかなる苦境におかれても笑っていられるほどの強靭な精神が必要で、その強靭さを担保するのはどちらかといえば緊張ではなく弛緩である。心とカラダをどれだけ緩めることができるかによって、発揮されるパフォーマンスは決まる」（同頁）。自分のなかに「余白」や「緩み」を作ることの大切さを訴えた為末の考え方を連想させる文章だ。平尾は、「『鍛錬とは、苦しさを苦しくなく経過できるようになることだ。苦しさに耐えていることは鍛錬ではない』」（35頁）という野口晴哉のことばを引用している。苦しさに一箇所にとどまるのでなく、別次元へ移行することの大切さが指摘されている。この種の移行は、「緩み」がなければ生じないのであろう。

第2章では、学生時代の総監督を務めた岡の指導の仕方が回想されている。グラウンドのかたわらで試合形式の練習を見つめていた岡は、指摘すべきポイントを見つけたときには、「ちょっとまってくれ！」とグランドに入ってきて長々と指導したという（86頁参照）。『もしもパスが通らなかった場合はどうなったのか』（同頁）、『もしもひとつ前のプレーでラックにならなかったらどうなったのか』（同頁）、『もしもキックしたらどうなっただろうか』（同頁）と、「もしも」の連続で、結論はなかった。練習の流れを中断され、早く練習に戻りたい学生たちは「いつまで続くのか」といらつくばかりで、岡の指導の意味を理解できてはいなかった。後年、現役引退の報告をするために岡宅をたずねた平尾に、岡はこう語った。『平尾よ、ラグビーは自分で考えるからこそオモシロいんや。そのオモシロさを学生から奪ってはいかんのだよ』（87頁）。このことばは、雷撃のように平尾の身体を打ち抜いた。当時のまどろっこしい指導は、学生たちからラグビーのオモシロさを奪わない配慮のためであり、先生は具体的な方法を指示せず、いくつかの選択肢をしめすだけで、その先は自分で考えなさいというメッセージを送ってくれていたのだと気づいたのだ。

平尾は、ラグビーの特色をこうまとめている。「ポジションが異なる一五人が複雑に絡み合うなかで最高のパフォーマンスを発揮するのがラグビーである以上、特定の指導者だけではなく、関わったすべての人たちとの関係の中ですべてのラガーマンは学び、成長するのである」（89頁）。ラグビーというスポーツを通して、選手たちは「『自分で考えるオモシロさ』」（同頁）を味わえるだけでなく、指導者のことばを聴き、お互いに選手同士で考え、ともに学び、成長し、一皮も二皮もむけた存在へと生成するのである。このことはラグビー以外のスポーツにもあてはまるだろう。

為末は、ひとつの感覚の障害を別の感覚で補強して競技するパラリンピック選手から学んだ経験について語った。平尾もダニエル・キッシュという盲目の人物を紹介している。ダニエルは生後4ヶ月のときに網膜に悪性の腫瘍が見つかり、程なくして両眼の摘出手術を受けた。現在のダニエルは、まるで前方が見えているかのようなハンドルさばきでマウンテンバイクを乗り回すことができる。目の見えないひとたちを率いて、ツーリングのガイドさえも行っている。彼は言う。「『道の両脇で潅木が地面に触れているのが聴こえるし、もし大きな石や木が行く手かその近くにあればそれも聴こえます』」（159頁）。彼は、潅木や木や石などを、「『耳で見ている』」（同頁）のである。彼はまた、「舌の側面を使い、まるで舌打ちをしたときのような鋭い音を発し、それが潅木や石などの障害物から跳ね返ってくる音を聴いて、その所在や形状を『見ている』」（160頁）。彼は、「エコローケーション（反響定位）」（同頁）というナビゲーション法を用いて、自由自在にバイクを運転しているのである。

ダニエルは、大学時代にエコローケーションについて体系的に学びなおした。現在は「世界盲人協会」の会長を務め、視覚障害者の潜在能力を理解してもらうために世界各地を回って、エコローケーションの指導を行っている。ダニエルによれば、耳で見るようになれるのは視覚障害者に限らない。自分は吸着音を発してその反響によってものを見るという能動的なエコローケーションを行っているが、耳にする音で周囲を判断する「受動的なエコローケーション」は誰もが行っている（163頁参照）。

平尾は、この話をラグビーと結びつける。ラグビーでは、ボールを自分の位置よりも後ろにいる選手に渡さなければならない。しかし、あからさまに背後を見てボールを投げれば相手選手にコースを読まれてしまう。そこで、前方を見ながら走り、同時に背後のひとの気配を察知して動くことが必要になる。いわば、「耳で見る」のだ。テニスのダブルスでも同じことが言える。コート上で、前衛は相手ふたりの位置を見てボールを打つが、同時に、相手からの返球にさいしては前方を見るだけでなく、後衛の位置や動きも注意して動かなければならない。この場合にも、「耳で見る」、あるいは「背中で見る目」がいるのだ。

健常者ももちろん、日常生活において、耳で聴いて、周りの状況を察知している。足音を聞いただけで、誰が歩いているのか分かるし、風の音に季節の移ろいを感じることもある。そうした出来事はあまりにありふれているので、意識にのぼることは少ない。忙しい日常にとりまぎれて、雨の音や、風のささやき、小川の流れにじっくりと耳を傾ける機会も多くはない。しかし、視覚を失ったダニエルは、聴覚の力を研ぎ澄ますことによって、受動的なエコローケーションのレヴェルを超えて活躍している。人間の身体の潜在力には驚かせられる。「ダニエルの存在は、『聴く力』の奥行きとそれがもたらす豊かさを私たちに教えてくれる」（166頁）。

本書で、平尾は、ラグビーという特殊な分野について語りつつも、それを手がかりに身体というわれわれのもっとも身近でありながら未知なるものの可能性について考えさせてくれる。身体にもっと耳を傾け、感覚を鋭敏にする鍛錬をすることで、あらたに見えてくるものがあるはずだ。

June　6月―2

引き出す力

――対話の時間――

清原和博・鈴木泰堂の『魂問答』（光文社、2019年）は、禁断症状による切実な悩みや苦しみを吐露する清原と、それに静かに応答する鈴木との真摯な対話の記録である。

清原は、2016年2月に覚醒剤取締法違反容疑で逮捕、起訴され、5月の裁判で懲役2年6ヶ月、執行猶予4年の有罪判決を受けた。重度の薬物依存症だった清原は、薬を断たれた反動で重いうつ病に苦しんでいた。「『死にたい、死んでしまいたい』」（6頁）と、幾度となく口にする日々だったという。2018年の春、清原は救いを求めて、かつて知人に紹介されていた住職の鈴木泰堂に思い切って電話をした。そこから本書の問答が始まった。「この本は、泰堂さんから教わる仏の道を光の道標としながら、僕、清原和博が暗闇のなか、再び歩み始めたプロセスを記録したものです。／まだまだ、道半ばではありますが、その道程を包み隠さずお伝えすることで、僕と同じように悩み、苦しんでいる人たちの一助になればと思っています」（7頁）。

鈴木は法華山示現寺の住職。法務をこなすかたわら、年間400人以上のひとの悩みを聴き、スポーツ選手のメンタルサポートなども行っている。鈴木は、「薬物乱用防止教育認定講師」の資格を取得し、薬物依存症のひと達の相談にも乗っている。鈴木は、「読者の皆様へ」のなかで、「『人はもともと罪障を抱えながら生きている』」（187頁）という仏教的な人間観を語っている。だれもが前世の罪を背負い、現世では、命を食らいながら、罪深い人生の途上にある。法律に違反していなくても、自分が罪を犯していないとは言えないのである（同頁参照）。「罪障消滅のためその罪に少しでも勝る徳を積んでいく、その修行を続けていくことが、私たちがこの世に生を受けたことの、大切な目的の一つなのです」（同頁）。

本書には、２０１８年秋から、２０１９年夏までの問答が収録されている。全６章には、四苦八苦、怨憎会苦、五蘊盛苦、求不得苦、愛別離苦、善因善果というタイトルがついている。

第1章の問答で、清原はうつ病で苦しむ日々を口にしている。死にたいと思う、気力が湧かない、夜は寝つけず、目がさめると、また一日が始まるのかと愕然とする日々だ（13頁参照）。生きている理由や、自分が生きている意味が分からない。それでも死なずに生きてこられたのは、いつか会えることを望むふたりの息子の存在のおかげだったという（18頁参照）。

あるとき、清原は、雑誌の仕事で、久しぶりに甲子園で高校野球を観戦する。そこで、かつてバッターボックスに立っていた記憶が蘇ったと語る清原に、鈴木はそこで「本来の自分というのを、思い出すことができた？」（17頁）と問いかける。清原はこう答える。「やっぱり、薬物に手を出してしまい、挙句の果てに逮捕までされて。それからというもの、僕はずっと自分を、自分のことを否定し続けてきました。もう、自分の存在自体を消し去りたい、この世から消してしまいたいという気持ちで。そういうふうに思いながら、ずっと、ずっと生きてきましたから」(同頁)。

後半では、清原が「敗者復活戦」に向かう覚悟を語る。薬物で苦しんでいるひと達を支援する立場に回るためにも、「敗者復活戦には絶対に勝ちたい」(37頁)。鈴木は、それを受けて、「薬物」というレッテルは剥がせないとしても、そのレッテルのまま、薬物の乱用防止や依存症のひとびとの支援活動に回ることこそが清原の役割ではないかと続ける(37〜38頁参照)。

第2章では、清原が過去に受けたドラフト会議の傷と、現在進行中の、自分のこども達に会えないという心の傷が問答の焦点になる。鈴木はブッダが説いた「四苦八苦」について語る。「四苦八苦」とは、だれにも平等に与えられた生、病、老、死という四つの苦と、「愛別離苦」(愛するひとと離れなければならない苦しみ)、「求不得苦」(求めるものを求めれば求めるだけ得られない苦しみ)、「怨憎会苦」(憎んでいるひとと会わなければならない苦しみ)、「五蘊盛苦」(体と心が思うようにならない苦しみ)を合わせたものである。清原は、「愛別離苦」と「求不得苦」の苦しみと、病の苦しみの渦中にある。ブッダは、8種類の苦しみは乗り越えられると説いた。どうしたら可能かを考え続けた鈴木は、大病や難病に感謝するひとに出会って、苦しみに立ち向かうひとがそれを乗り越えるご縁をいただくことができると確信する。鈴木は、清原がいまの苦しみから逃げずに立ち向かい、それを克服できれば、多くのひとを勇気づけることができると励ます。痛い失敗の経験や、病の苦しみも、受け止め方次第では、泥沼に咲く蓮のように開花につながるのだ。

第3章では、清原は44日間の留置場での辛い経験を語る。ずっと監視され、なにもかもが思い通りにならない生活や、真冬の冷たい食事はこたえたという。鈴木は、勾留生活に「感謝していたりはしませんか？」（83頁）と問いかける。辛い経験をしたおかげで、あたらしい道が開けたと自覚できれば、感謝の気持ちが芽生えることもあるだろうと推測したからである。「まだそこまでは」と答える清原に、鈴木は、『あの逮捕のおかげで、いまの自分がいる。逮捕してくださったことに、いまでは心から感謝しています』（85頁）と言える日が必ず来ると告げる。鈴木はまた、薬物経験者としての清原が薬物乱用防止を訴えれば、説得力は絶大で、僕が足元にも及ばない影響力をもち、僕が救えないひとを救えるかもしれないと、清原の無限大の可能性に期待を寄せている。

第4章で、覚醒剤を使うようになったきっかけが語られる。現役引退後の清原は、暇をもてあますことも多くなった。バラエティ番組で番長キャラを演ずる自分が嫌になり、ストレスがたまった。それを発散するために毎晩飲み歩くようになり、闇の世界の住人とのつながりができた。最初は、自分でコントロールできると甘く考えていたが、いつの間にか、覚醒剤に操られるような生活におちいった。家族との別居、離婚のあとは、ますます薬物に溺れ、注射器を使用するまでになり、生活は破綻した。覚醒剤の過剰摂取で2度中毒症状になり、緊急搬送された病院で、頭に電気を流す電気ショック療法を受けて、かろうじて生きのびた。それでも薬物を断てず、ついに逮捕の日を迎えた。

逮捕によって、薬物からは遠ざけられた。しかし、清原は告白する。「逮捕、そして勾留は薬物をやめるきっかけにすぎなくて。そこから先、ずっとやめ続けていくことというのが、もう途方もなく厳しく苦しく辛いんです」（111頁）。「本当に、今すぐ人生を終わりにしたい、死んでしまいたいと、何度思ったかわからないぐらい。それぐらい、辛い日々ですから」（112頁）。

鈴木によれば、日本では薬物に手を染めたひとや、依存症で苦しむひとへのケアやサポートが手薄である（113頁参照）。アメリカでは、依存症から立ち直って社会復帰をしたひとは、「『高いハードルを、頑張って乗り越えた人だ』」（113頁）と称賛されるという。日本で薬物事件の再犯率が非常に高い背景には、犯罪者に冷たい社会の側にも一定の責任があるだろうと、鈴木は考えている。清原は、薬物の誘惑に自分ひとりの力で勝つことは不可能であり、薬物依存症に詳しい専門家のサポートが必要だと訴える。

第5章では、母の死の翌日にもかかわらず、すでに予定されていた厚生労働省主催の薬物依存症の啓発イベントに参加した清原の心の葛藤が描かれている。司会者から「『今日、ここに登壇することに迷いはなかったですか？』」（131頁）と聞かれた清原はこう答えた。「『少しでも、自分と同じように苦しんでいる人のためになればと思い、すぐに（参加を）決めました』」（同頁）。参加者からは拍手と声援を受けた。

第6章で、鈴木はこう語りかけている。「最愛の息子である清原さんの目の前に、薬物依存からの回復、親子の絆の再生、そして、社会復帰という高い、高い山がそびえていた。その、険しい山道を這いつくばるようにして登っていく息子のために、お母さんは自分がこの世を去る、そのときに合わせるかのように、たしかな足がかり、手がかりを用意してくださったと、そんなふうに思えて仕方がない」(173頁)。

「おわりに」で、清原はこう述べる。『あの逮捕の日、傲慢な化け物、清原和博も死んだのかもしれません』(179頁)。16歳の夏から甲子園大会に出場し、プロ野球でも活躍した清原は、周囲のひとからちやほやされ、20代で大金を手にして、自分を中心に世の中が回っていると錯覚し、感謝の心を失い、傲慢な人間になった。逮捕で状況は一転し、周りからひとびとが去っていくにつれ、清原は孤独感にさいなまれるようになった。いまでは、「頑張ってください、応援していますよ」と声をかけてくれるひとのことばが身に染みるという(179〜180参照)。現在の心境はこう述べられている。「以前までは、自分のために誰かが動いてくれることを、当たり前のように思っていましたが、いまは、誰かのために自分が動きたい、誰かの役に立ちたいと、そう強く願う自分がいます」(180〜181頁)。

ブッダは、罪を免れるひとはだれもいないと人間にすくう根深い悪を見据え、ひとびとの生き方を見つめて苦しみの諸相を説き明かした。他方で、罪や苦しみからの解放の道を模索し続けた。ブッダはまた、利己主義的な発想にとらわれ、自分の欲望や願望を優先させることよりも、自分以外のひとのために心底つくすことが幸せへの道につながるとも述べた。

本書は、ひとつの犯罪によって苦しみの底に沈んだ清原が、敗者復活戦に賭ける苦闘の日々を浮き彫りにしている。ブッダ的な人間観と幸福観を体現した鈴木のアドヴァイスは、罪と無縁ではありえないわれわれにも響いてくる。

穂村弘の『あの人に会いに　穂村弘対談集』（毎日新聞出版、2019年）は、穂村が選んだ9人との対談の記録である。思春期に入った穂村は、世界との違和感を覚え、生きづらさを痛感する日々のなかで、自意識の塊になってうずくまっていたという。救いを求めて必死に本を読んでもぴんとくるものには出会えなかった（3頁参照）。「でも、ごく稀に奇蹟のような言葉や色彩やメロディに出会うことができた」（同頁）。それらのおかげで、穂村は「長く続いた青春の暗黒時代」（3〜4頁）を生きのびることができた。のちに、対談の仕事が来るようになり、穂村は、奇蹟のような作品を作ったひと達に創作の秘密を尋ねて回った。

対談の相手は、以下の9人である。谷川俊太郎（詩人）、宇野亞喜良（イラストレーター）、横尾忠則（美術家）、荒木経惟（写真家）、萩尾望都（漫画家）、佐藤雅彦（映像作家）、高野文子（漫画家）、甲本ヒロト（ミュージシャン）、吉田戦車（漫画家）。

谷川は、「集合的無意識」ということばを知って、創作のインスピレーションは下から来ると思うようになったと言う（19頁参照）。「日本語という土壌に根を下ろしているという感覚が、ぼくには常にあります。（中略）その土壌に根を下ろして、そこから言葉を吸い上げて、ある種のフィルターによって言葉を選ぶ。そして、葉っぱができたり花が咲いたりするように詩作品ができてくる」（同頁）。谷川は、自分を植物と重ね合わせて、創造の秘密を語っている。

横尾は、ファンタジー（非物質的なもの）と現実の統合を、禅の瞑想やインドの旅を通して体感したかったと言う（57頁参照）。インスピレーションはどこから来るのかという穂村の問いに対して、横尾は、自分の経験や記憶、集合的無意識、地球のみならず宇宙に蔓延しているエネルギーの作用などをあげている（57〜58頁参照）。自分に到来するものをキャッチするためには、自分に固執せず、自分を解き放す（放下）ことが大切であり、意識過剰はよくないと語っている（58〜61頁参照）。

荒木の発言には、その人柄と同様、独特の味わいがある。「ダメなやつがいくら撮ってもダメなんだよ。撮る人の人間性を写真がバラしちゃうんだ」（81頁）。「女でも、花でも、街でもさ。情がなかったら撮れないよ」（82頁）。撮影のさいに、どうやって自分の愛情ポイントを見つけるのかと穂村が問いかけるが、荒木は「自分でも不思議でしょうがないよ」（83頁）と答えをぼかしている。

萩尾は、作品を作るときの経験をこう語っている。「自分でも不思議なところなんですが、物語ができあがる前に重要事項が浮かんでくる感覚があるんです。描いているときは、わからないんですが」(118頁)。穂村がこう反応している。「萩尾さんの中でタイムスリップが起きているようなものですね。作品が完成した時点から、今描いている自分に『ここに、伏線を入れよ』という指令が来る」(同頁)。「そういう感覚ですね」(同頁)。萩尾は夢の不思議についても語っている。「たまにデジャヴみたいな夢を見るでしょう。ユングがいう集合的無意識の中に入り込んでしまったような」(119頁)。

佐藤は、作品を創造するときに起こることをこう表現している。「『かっこいい』を計るものさしがあって、それがピッタリはまる感覚なんですよ。自分のものさしでもなく、誰かのものさしともちょっと違うもので、こういう言い方をすると神様に失礼かもしれませんけど『神様のものさし』みたいなものが見えたときにピッタリはまるんです」(140頁)。

甲本は作曲についてこう語る。「自分の意識下ではどうなってるかわかんないけど、曲作るときってなんにも考えないんですよ」(179頁)。「歌詞とメロディが同時にできる?」(181頁)という穂村の問いに対して、甲本はこう答える。「同時です。多くの曲は四、五分でできます。一番から三番までフルコーラスがぱっと浮かんで、ずらずらずらずらずらっ～て降りてくる」(同頁)。

ほとんどのひとが、創造を受身の経験として語っている。ことばが「下の方から」上がってくる、着想が自分のなかからやってくる、神様のものさしのようなものが見えてくる、曲が降りてくるなど、言い方はさまざまだが、よい作品をつくるためには、自力だけではまったく不十分で、他力の恩寵を待たなければならないということだ。創造という、神のみわざを語ることばが人間の芸術制作に転用されることからも明らかなように、自分を超え、自分を受容器、一種の媒介として生まれてきたものこそが作品の名に値するのである。

リラックスした雰囲気のなかで進行している本書の対談は、さりげないことばのやりとりが楽しい。芸術家の創作の秘密を知るための お勧めの一冊だ。

July　７月─１

作家の感受力

——生きることへの問いかけ——

梨木香歩（1959〜）の『ほんとうのリーダーのみつけかた』（岩波書店、2020年）は、2015年に東京の書店で行われた若者向けの講演記録と、『図書』に掲載されたふたつのエセー（「今、『君たちはどう生きるか』の周辺で」、「この年月、日本人が置き去りにしてきたもの」）をおさめたものである。この講演は、梨木の『僕は、そして僕たちはどう生きるか』（2011年、理論社）が文庫化された節目として企画された。吉野源三郎の『君たちはどう生きるか』が書かれた当時と時代状況が似てきたと直感する著者が、現代を生きる若者たちに「君たちはどう生きるか」を問いかけている。

著者は、「はじめに」でこう述べている。「2020年、世界は新型コロナウイルスの蔓延という、未だかつて経験したことのない危機に見舞われています。この未知のウイルスは、人の体だけではなく、心や社会の結びつきまで攻撃しているかのようで、もともとあった、戦時中の隣組制度のような同調圧力は、ますます加速してきました」（iv〜v頁）。マスコミでは、「自粛警察」、「マスク警察」、さらに「帰省警察」といったことばが飛び交い、他人と違う行動をするひとがバッシングされるというケースが見られるようになってきた。「世間の目」を気にして、他人と同調するひとが増え、同調を強いるひとも増えた。公共の場所でマスクをしないひとは白い目で見られる。なんらかの事情でマスクをできないひとは肩身の狭い思いをする。誰もが類似の行動をせざるをえなくなり、相互監視体制の強化が進んでいる。

この講演のテーマは、「本当のリーダーはあなたのなかにいる」である。梨木は、「群れの動物」（23頁）としてのわれわれは、「磁石がくっつくところを探すように、だれか尊敬できるリーダーを無意識に求めている」（同頁）と言う。犬は、信頼できるリーダーのもとでは安心してその命令に従うようだが（22頁参照）、われわれも、強そうなひとや堂々としているひと、自信満々なひとに惹かれていく、と梨木は言う（23頁参照）。しかし、なかには仲間に入れてもらいたいがために卑屈になったり、群れたくもない仲間にいやいや加わったりする場合もあり、生きることは、しばしば自己嫌悪や葛藤の連続だと彼女は考える（27頁参照）。

自分が嫌になったり、人間関係の不調に悩んだりするときどうすればいいのか。「それは若い頃はありがちなことなので、ああ、やっちゃったよー、しようがないなあ、って、心のなかでためいきをついていればいいのです。まあ、しかたがないです」（同頁）。躓きが避けられない現実を受け入れることだ。おそらく、誰もが、いつかどこかで、ひとを傷つけたり、ひとから傷つけられたり、失敗して苦しんだり、落ちこんだりして生きている。しかし、われわれがこうむる苦しみの経験はまったく個人的なもので、他人にはうかがい知ることのできない側面をもつ。「それはだれにもわからない。それがわかっているのは、あなたしかいません。あなたのなかで、自分を見ている目がある。いちばん大切にしないといけないのは、そしてある意味で、いちばん見栄を張らないといけないのは、いかっこしないといけないのは、じつは、他人の目ではなく、この、自分のなかの目です」(27〜28頁)。自分のなかで現に起きていることを正直に見つめることが大切だということだ。なぜそれが強調されるのか。われわれは、しばしば、自分から自分を隠して、自分の見るべきところを見ないようにすることが少なくないからだ。自己批判を遠ざけて、自己欺瞞の方へ滑りこんでしまうのだ。

多くのひとは、他人の目や、世間の目を気にして、変に見られないように、恥をかかないように、警戒しながら生きている。それと反対に、梨木が強調するのは「自分のなかの目」(29頁)であり、それが「ほんとうのリーダー」(同頁)である。リーダーと言えば、普通は、自分の外部に求める存在であり、「ついていきたい」、「導いてほしい」と思わせる存在である。梨木が求めるリーダーはそれとは異なる。「自分のなかの、埋もれているリーダーを掘り起こす、という作業。それは、あなたと、あなた自身のリーダーを一つの群れにしてしまう作業です。チーム・自分。こんな最強の群れはない、これ以上にあなたを安定させるリーダーはいない。これは、個人、ということです」(同頁)。自分がもうひとりの自分と連携して、チーム・自分をつくるという言い方は、少し奇異に映るかもしれない。それは、自分の外部を見る目のほかに、他人にはけっして見えない自分の内部を見つめる目に、自分の行動を直視させるということだ。他人の群れのなかに自分を埋没させることではなく、自分がもうひとりの自分と向き合い、個人として自立的に存在するということだ。自分のあり方を直視すれば、嫌でも自分の弱さやもろさ、醜さに気づき、過去の失敗や躓きを思い起こさざるをえない。それらを忘却するのではなく、梨木の言い方を借りれば、「自分を客観視する癖をつけること」(30頁)、「批判する力をつける」(同頁)ことが必要なのである。自分を客観的に見るとは、自分が自分に対する距離を保ち、自分のふるまい方を冷静に見つめることであり、現実に起きている出来事に対しても短絡的な見方をするのではなく、さまざまな側面から慎重に判断すること、端的に言えば、自分でよく考えるということである。

とはいえ、一足飛びに自分で考えることができるようになるわけではない。考えることについて教えてくれるひとがいれば、そのひとから学ぶことだ。吉野の本に出てくる「叔父さん」のような、少年に考えることの根幹を示してくれるひとはあまりいない。そこで、自分ひとりでもできるのは、新聞記事や哲学書、文学作品などをじっくり読んで、考え、考えたことを文章にするという地道な経験を続けることだ。その経験のなかで、考える力、読む力、書く力が鍛えられていき、自分なりの仕方でものを見る判断力も養われる。多種多様な情報が洪水のように流れる時代には、情報を取捨選択する基準をもち、それを噛み砕く力をもたないと、情報に振り回されて自分を見失いかねない。ときには書かれている内容を疑い、自分で調べてみることも大切だ。「自分で考えるためには、そのための材料が必要です。その材料となる情報をまず、摂取しなければなりません。でもその情報もすべて鵜呑みにするのではなく、自分で真剣に向き合って、おかしいと思ったらこれはおかしいんじゃないか、と、疑問に思わなければならない、そういう時代になりました。つまり、その情報が出てきたところの事情を想像する力もつけなければならない」（35〜36頁）。

おそらく、人間関係に躓いたり、どうすればよいのか分からないような困難な経験に遭遇したり、他人の抵抗に出会って苦しんだりすることなどが自分で考えるようになるためのひとつの契機となるだろう。挫折が思考の出発点になるのだ。挫折を手がかりにして、自分がいったいどういう存在であり、なににすがって生きているのかを自問自答するようになる。それを起点として、さらに自分はなにについて考えようとしているのか、なぜ、なんのために考えるのかなどについても疑問をもつようになる。自分で考えるということは、なんの準備もなくいきなり始まるものではない。親や教師から促されてすぐに始まるものでもない。考えることを促されるような経験が起点となって、自分で考えるようになるのだ。

自分で考えるようになれば、自分の思考のレヴェルや、今後の生活の目的や関心に応じて、どういう本を読むべきかが徐々に分かってくる。読書をすれば、自分の思考力の不十分さや、情報量の少なさを思い知らされて、ますます読むようになる。読むべき本は増え続け、それにつれて、真に必要な情報の取捨選択もできるようになる。そうした長期にわたる試みのなかで、少しずつ思考力が深まっていく。

「今、『君たちはどう生きるか』の周辺で」（2018年）は、この本を信頼して読んできた梨木の吉野に対するオマージュである。『君たちはどう生きるか』は、この時期、文庫版のほかに漫画本にもなって、勢いよく売れていた。「吉野源三郎のヒューマニズム」（58～59頁）に共感する層が増えているからだと、彼女は推測している。「ヒューマニズム」ということばで意味されているのは、人種や身分、年齢、職業などにとらわれずに、お互いがいたわり合い、協力し合い、ともに成長しながら、豊かな交流を実現していくということだ。「叔父さん」と「コペル君」の交流は、まさにヒューマンと言えるものだ。

梨木は、この本の冒頭の部分から引用している。「『コペル君は妙な気持ちでした。見ている自分、見られている自分、それに気がついている自分、自分で自分を遠く眺めている自分、いろいろな自分が、コペル君の心の中で重なりあって、コペル君は、ふうっと目まいに似たものを感じました』」（51頁）。主人公のコペル君がデパートの屋上から街を見下ろしているときに思ったことだ。人は成長するにつれて、いくつもの自分を生きていることに気づく。他人を見ている自分と他人から見られている自分、他人や日々起きてくる出来事に対する自分の態度を見つめ返す自分、自分のものの見方やふるまい方を見つめなおす自分など、色々な自分がいる。幼い頃には、自分中心的な見方が優勢だとしても、いずれは、自分の生き方が他人や世間の出来事によって限定されていることが分かってくる。他人がいてこその私だということも身にしみるようになる。

梨木は、「自分のなかの目」を通して自分と向き合うことの大切さを強調し、吉野はコペル君を通して自分や社会に対していくつもの目をもつことの重要さを語った。こうした目を育てることによって、まずは自分の姿勢を問いただす視点が生まれ、自分の拠って立つ基盤を検討することにもつながる。こうした作業が地道になされれば、狭い思考や一方的な思いこみで他人を誹謗中傷したり、ののしったり、馬鹿にしたりする行為にブレーキがかかるだろう。

しかし、ことはそう簡単ではない。われわれは、カントというドイツの哲学者が強調した「自分で考えること」や「相手の立場に立って考えること」が容易ではない時代に生きている。われわれは、自分と向き合い、自分と対話する時間をもつことよりも、手っとり早く、ネット上で気に入らない他人をからかったり、罵倒したりすることに忙しい。相手と対面して、ことばを交わすこともむずかしくなった。

われわれはしばしば「人材」の名で呼ばれ、役に立たなくなればいつでも取替えがきく材料のような存在として扱われがちである。われわれはまた「消費者」の名で呼ばれ、商品の購入や情報の収集へと絶えず駆りたてられている。新聞、雑誌や、ネット上の夥《おびただ》しい情報は、不断にわれわれを刺激し、通過して消えていく。そのあわただしいリズムは、われわれから落ち着いて自分や他人、社会を見つめる力を奪い去っていく。吉野の本にあふれる、暖かい交流に支えられた「ヒューマンなもの」は消えて、「とげとげしいもの」が染み出しつつある。消費者に残るのは、過剰な情報による消耗と疲労である。見も知らぬ他人が無責任に垂れ流した情報は、それに食いついて消費するわれわれを刻々とみすぼらしい存在へと変えていく。

梨木はこう語る。「『インスタ映え』という言葉には、人目を引くことに価値を置き、他者に評価してもらって初めて安心する、極めて主体性の希薄な日常が透けて見える。ほとんどが他者に消費されて消えていく日々」(53頁)。パスカルや、ラ・ロシュフコーといったフランスの人間観察者たちが繰り返し述べたように、われわれは、自分の日常を見てもらいたい、自分のことを語りたい、偽装した自分を自慢したい、ほめてもらいたい、注目されたい、評価されたいといった自分中心的な欲望から逃れられない存在である。自分を押し出すことが恥ずかしいこととは思えず、暇さえあればちっぽけな自分を露見させて、他人の評価を待つのだ。「個の確立」や、「主体性の擁護」が声高に語られた時代もあったが、現代の主役は個人の姿をかき消してしまう圧倒的な情報である。その一部をコピーしたり、ペーストしたりして消費する学生たちは、自分で本を読んで考える力を育てられず、希薄な存在へと移行していく。片時もスマホを離さないひとは、つかの間の情報につながれ、それにぶら下がる隷属的な存在へと変っていく。

毎日新聞夕刊の「オピニオン」欄（２０２０年８月25日）で、学園紛争後、長らく学習塾で教えてきた哲学者の長谷川宏のことばを聞き手がまとめている。その一部を引用する。

「人々は、権力者の指示に従うことをまるで道徳的な義務であるかのように考え、『自粛警察』のような動きまで出てきた。日本の近代化は、やはり『個』の主体性、自主性を育てるものではなかったのだと改めて感じました」。他方で、長谷川は、塾関係者40人ほどで行った５泊６日の合宿体験後、今の子供たちも「個」として大切にされたい、やりたいことをやりたいという感覚をもっていると述べ、哲学者のヘーゲルについては、200年も前に世界史の全体をとらえる体系を構築する一方で、「個」としての思想的営みからけっして逃げない強さをもっていたと評価したという。

われわれが群れにまぎれこんで、自分で考えず、主体的に行動しなければ、他人からの同調圧力に流されるまま、息苦しい閉塞状況が続くしかない。コロナのいまほど、「個」を育てるひとりひとりの地道な試みが大切なときはない。

July　７月―２

ただならぬひと

――エリック・ホッファーの生涯と思索――

『エリック・ホッファー自伝　構想された真実』（中本義彦訳、作品社、2002年）は、「沖仲仕（港湾労働者）の哲学者」と呼ばれた人物による自伝である。

エリック・ホッファー（1902〜83）は、ニューヨークのブロンクスにドイツ系移民の子として生まれた。母親は、5歳のホッファーを抱いたまま階段から落ち、それが原因で2年後に亡くなった。その年に彼は失明した。父親のおかげで、5歳前には英語とドイツ語が読めるようになっていた。15歳のときに視力が回復した。父親は、ホッファーが18歳のときに50歳足らずで亡くなった。ホッファー家は短命の家系であった。育ての親になったマーサが口にした「『将来のことなんか心配することないのよ、エリック。お前の寿命は四十歳までなんだから』」（9頁）ということばは、心の奥深くに刻みこまれた（同頁参照）。「そのおかげで季節労働者をしていたときも、あれこれ先々のことを思い悩まずにすんだ。私は旅人のように生きることができたのである」（同頁）。

ホッファーは、父親の埋葬後に職人組合から支給された300ドルを手にして、温暖な地カリフォルニアに移った。そこでは野宿もでき、道端のオレンジを食って生きていくこともできると考えたからだ（11頁参照）。彼は、その後10年間、ロサンゼルスの貧民街に住み、州立無料職業紹介所でいくつもの仕事を見つけて働くかたわら、暇な時間には公立図書館で読書に没頭した。「私はつましく暮らし、絶え間なく読書をしながら、数学、化学、物理、地理の大学の教科書を読み、勉強をはじめた。自分の記憶を助けるためにノートをとる習慣も身につけ、言葉を使って物事を描き出すことに熱中し、適切な形容詞を探すのに何時間も費やしたりしていた」(17頁)。この間の集中的な勉強と思索がなければ、後年の執筆活動はなかった。

1930年、28歳になった彼は、稼いだ金が尽きたらまた仕事に戻るという生活が死ぬまで続くことに幻滅する。「今年の終わりに死のうが、十年後に死のうが、いったい何が違うというのか」(41頁)。彼は自殺することに決め、さまざまな自殺方法のなかから服毒自殺を選ぶ。薬局でも買えるシュウ酸を大量に買いこんだ。人気のない場所に行き、一気にシュウ酸を口に流しこんだ。「口中に百万本の針が突き刺さったようだった。激情に打ち震えながら、シュウ酸を吐き出した」(46頁)。その後、彼の頭に「一本の道――どこへ行くのか何をもたらすのかもわからない、曲がりくねった終りのない道としての人生」(46頁)という考えが頭に浮かぶ。「これこそ、いままで思いもよらなかった、都市労働者の死んだような日常生活に代わるものだ」(同頁)。「私は自殺しなかった。だがその日曜日、労働者は死に、放浪者が誕生したのである」(47頁)。自殺の失敗が人生の転機になった。彼は、その後の10年間をカリフォルニアで季節労働者として放浪した。

この時期のキャンプ体験は、彼の思考全体を独特なものにし、以後30年間の執筆活動の種子を形成した(61頁参照)。彼は、4週間滞在したあるキャンプで、男たちを注意深く観察するようになる。多くの者が傷を負っている。腕が一本しかない男、木の義足をつけた男がいる。「大部分の男たちが、まるで機械の鋭い歯車から逃げ出し、そこに体の一部を残してきたかのようだった」(63頁)。「キャンプにいるわれわれは、人間のゴミの集まりなのだ」(64頁)、「われわれの大半は、社会的不適応者だった」(同頁)、これが彼の下した結論だった。「われわれは、必然的に一番風当たりの弱い場所、つまり戸外の路上へと流れ出た。そして、いま秩序立った社会の下水路に浸かっている。普通の安定した地位に留まることができず、現在の泥沼へと押し流されたのである」(64～65頁)。

ホッファーは、自分も含めた社会的不適応者たちを見つめながら、かつてオーストラリアやシベリアの荒野などに移住した開拓者の存在に思いを寄せる。「開拓者とは何者だったのか。家を捨て荒野に向かった者たちとは誰だったのか」(66頁)。彼はこう推測する。「明らかに財をなしていなかった者、つまり破産者や貧民。有能であるが、あまりにも衝動的で日常の仕事に耐え切れなかった者。飲んだくれ、ギャンブラー、女たらしなどの欲望の奴隷。逃亡者や元囚人など世間から見放された者。そして、このほかに冒険を求める小数の若者や中年が含まれる。おそらく現在、季節労働者や放浪者に落ちぶれた者と同じタイプの人間が、一昔前は開拓者の大部分を占めていたのだろう」(66頁)。放浪者と開拓者の親縁性について考察を続けた彼は、「人間の独自性とは何かという根本的な問題」(67頁)に突きあたった。

彼がこの問題に下す結論はこうである。「人間という種においては、他の生物とは対照的に、弱者が生き残るだけでなく、時として強者に勝利する」（67頁）。「『神は、力あるものを辱めるために、この世の弱きものを選ばれたり』」（同頁）というパウロのことばを援用して、彼はこう続ける。「弱者に固有の自己嫌悪は、通常の生存競争よりもはるかに強いエネルギーを放出する。明らかに、弱者の中に生じる激しさは、彼らに、いわば特別の適応を見出させる」（同頁）。弱者、不適応者が人間の運命を形作る上で支配的な役割を果たし、創造の新秩序を作るという見解だ（同頁参照）。

彼は、「人間社会における不適応者の得意な役割」（74頁）というテーマに没頭し、心の奥で何度も文章を練りあげた。思索者に変身したのである。キャンプを離れた彼は、その後も季節労働者として働いたあと、1941年にサンフランシスコに定住して、65歳になるまでの25年間を沖仲仕として働いた。この25年間に、彼はそれまでの読書経験や思索を何度も検証した。1951年から1983年の間に、10冊以上の著作が出版された。研究書、評論、日記、アフォリズム集、自伝などが含まれる。

1967年、ホッファーはCBSテレビの特別インタビュー番組に出演し、その名は全米に広がったが、サンフランシスコのアパートに死ぬまで留まった。40歳までには終わると予想していた人生は、その倍以上の長さにまで延びた。

『魂の錬金術　エリック・ホッファー全アフォリズム集』（中本義彦訳、作品社、2003年）は、副題にあるように、ホッファーが入念に練りあげたアフォリズムをまとめたものである。彼には、精読し、ノートを取り、自分の洞察や着想などを書きとめる習慣があった。それをいったん寝かせたあとで、再度熟考し、平均して50語から200語ぐらいの文章で簡潔に表現した。

彼はドイツ出自でありながら、原書で読める抽象度の高い、難解なドイツ哲学を好まず、モンテーニュやパスカル、ルナンなどの英訳書の具体的で明快な文章に魅了された。これらのモラリストたちによる箴言が、ホッファーの手本になった。とりわけモンテーニュの影響は強かった。彼は、『エリック・ホッファー自伝　構想された真実』の「モンテーニュの『エセー』のなかで、繰り返し3回読んだこの本についてこう述べている。「読むたびに私のことが書かれている気がしたし、どのページにも私がいた。モンテーニュは私の考えの根底にあるものを熟知している。彼の言葉は的確で、ほとんど箴言調である。このとき、私はすばらしい文章の魅力というものを知ったのである」（91頁）。モンテーニュは、自分を語ることは人間を語ることでもあると確信していた。ホッファーはそのスタイルを踏襲した。アフォリズムの158で、彼はこう述べている。「われわれは自分自身を見通すときにのみ、他人を見通すことができる」（75頁）。アフォリズムへの信頼はこう表現されている。「厳密な科学用語によってわれわれの精神生活を語ることは、おそらく不可能であろう。科学用語によって、人は自らを笑ったり、憐れんだりできるだろうか。われわれの精神生活を語るためにあるのは、詩かアフォリズムかのいずれかである。後者の方が、おそらくより明確であろう」（76頁）。

本書は、「情熱的な精神状態」（1955年）と「人間の条件について」（1973年）、「補遺」からなる。前者には、最初の著作『大衆運動』（1951年）のテーマ、「どのような人間が大衆運動にひきつけられていくのか」、「その運動のなかで生じる熱狂の源泉はなにか」に関連するアフォリズムが集められている。このテーマが生まれ育った状況は、自伝の「季節労働者のキャンプ」のなかでこう述べられている。「一人でいるときこそが最も創造的なときだと信じて生きてきたが、思想の種子が芽生えたのは群衆の中に身を置いたときである。たしかに、私が最初にして最良の本を書いたときは完全に孤独な状態であったが、実際その本のなかで展開した思想は一人でいるときに生まれたものではない」（68頁）。彼が自分の思想を育てたのは、季節労働者として働いていた1930年代である。この時期、ヨーロッパではヒトラーやスターリンの全体主義が台頭し、アメリカでは大恐慌によってひとびとが激烈な変化にさらされた。ホッファーは、そうした激動のなかで群集が熱狂的な動きをする状況を見つめながら、その背後に潜むものがなにかをめぐって自らの思考を研ぎ澄ましていった。アフォリズムの13を引用してみよう。「激烈な変化の時代は、情熱の時代である。人間は、まったく新しいものには決して適応できないし、その準備もない。われわれは自らを適応させなければならないが、あらゆるラディカルな適応には自尊心の危機がともなう。われわれは試練に耐え、自らを証明していかねばならないのだ。こうして、激烈な変化に身をさらされた者は、不適応者になる。そして、不適応者は、情熱的な雰囲気の中で生き、呼吸するのである」(13頁)。

「情熱的な精神状態」のなかには、辛らつなアフォリズムも少なくない。いくつか引用してみよう。いずれも、モラリストとしての人間観察が冴えている。「アメリカ人の浅薄さは、彼らがすぐハッスルする結果である。ものごとを考えぬくには暇がいる。成熟するには暇が必要だ。急いでいる者は考えることも、成長することも、堕落することもできない。彼らは永久に幼稚な状態にとどまる」(80〜81頁)。「押しボタン文明というものは、成長による変化——静かに、ほんの少しずつ進行する変化を感知できない。驚くべきは、神学者もまた、成長による発展を感知できないことである。彼が抱く創造と変化についての観念は、技術者や革命家のそれに劣らず、押しボタン式なのだ」(81頁)。「人間は理性にほえたてられ、欲望にふりまわされ、恐怖にささやかれ、希望に招き寄せられて、よろめきながら人生を生きる。だから、人間が最も強く切望するのが、自己忘却であっても不思議はない」(98頁)。

「人間の条件について」は、「龍と悪魔のはざまで」、「トラブルメーカー」、「創造者たち」、「予言者たち」、「人間」の全5章からなる。ホッファーは、第1章で、特異な人間観を語っている。「人間の起源について考察するとき、驚くべきは、われわれが重きを置く価値の根源にひそむ邪悪さではない。むしろ衰えを知らない悪意と残忍さを、慈善心、愛、天国へ行くという理想へと転化する魂の錬金術である」(128頁)。「われわれは悪魔の子孫である。人類にとって人間がいまなお最も恐るべき敵である以上、人類の生き残りは、いまだにさらなる人間化に委ねられている」(同頁)。「自然界における錬金術は、魂の錬金術——人間の魂においては善と悪、美と醜、真と偽が絶えず相互に変化するという事実——から考え出されたのではないだろうか」(129頁)。人間が悪魔の子孫であるという一種の性悪説に異論を唱えるひともいるだろう。しかし、自分自身と周囲の人間を観察すれば、おそらく誰もが邪悪な心の傾きを認めざるをえない。それが生まれついてのものか、後天的なものかは分からないが、われわれが悪意や憎悪を抱くことは否定できない。とはいえ、それにつきる存在ではない。彼が言うように、われわれは悪意と善意、憎悪と愛などの間で揺れ動く存在でもあるのだ。「善と悪はともに成長し拮抗しつつも、未分化のまま存在する。われわれがなしうるのは、その均衡を善へと傾けようとすることだけである」(132頁)。

ホッファーによれば、勇気、愛情、希望、義務といった高貴な属性が、魂の錬金術によって無慈悲さへと転化するなかで、思いやりだけが善と悪の不断の往来から距離を保つ(137頁参照)。「思いやりは魂の抗毒素である。思いやりがあるところでは、最も有害な衝動でさえ相対的に無害のままでいられる」（同頁）。彼は、弱者こそが人類の生き残りに決定的な役割を果たしたのであり、「病弱者や障害者、老齢者に対する思いやりがなければ、文化も文明も存在しなかっただろう」（138頁）と述べる。彼は人間の思いやりの心に期待を寄せる一方で、悲観的な見方も書きとめている。「人間に対する限りない、すべてを包みこむ思いやりをもってしても、巨大で激烈な変化の時代の明らかに解決不能な問題に対処することは、できないのではなかろうか。これまでのところ、社会が再出発をはかると、そこには常に悪魔がひそんでいた」（138～139頁）。

第5章は、人間がテーマである。ホッファーは、われわれが自分自身、そして他人と関わる経験の諸相を反省しながら、人間のさまざまな特徴を描き出している。アフォリズム143はこうだ。「人間同士の間に、何と多くの深い亀裂が存在することか！　人種、民族、階級、宗教の分裂だけではない。男と女、老人と若者、病人と健康な人の間にも、ほとんど完全な無理解の溝が横たわっている。共同生活が相互了解のうえに成り立つものなら、社会は決して存在していなかっただろう」（188～189頁）。約半世紀前のこの洞察は、格差が広がり、コロナによってさらに社会の分断が深まりつつある現代の状況をそっくり照らし出している。

彼は、「われわれは一人でいるとき、何者なのだろうか。一人になると、存在しなくなる人もいる」（188頁）と述べて、単独でいるときにこそ自分が試されるのだと自覚していた。アフォリズムの150でこう記されている。「自分自身との対話をやめるとき、終わりが訪れる。それは純粋な思考の終わりであり、最終的な孤独の始まりである。注目すべきは、自己内対話の放棄がまわりの世界への関心にも終止符を打つということだ。われわれは、自分自身に報告しなければならないときだけ、世界を観察し考察するようである」(191頁)。ホッファーにとって、自分の内面を見つめることと、自分が置かれている外部の世界を観察することとは一体であった。内と外との絶えざる往還のなかで、彼の思索は深化した。

年季の入ったアフォリズムは、簡単には理解できない。読む側の経験が深まり、思索が鍛えられなければ、文字面を追うだけの空しい時間が過ぎるだけで、章句は心に響いてはこない。彼のアフォリズムは、われわれに孤独な自己内対話を求めている。

August　8月—1

いまを生きる幸福

——幸せのレッスン——

生きているとラッキーなことが起こるし、アンラッキーなことにも遭遇する。しかし、幸せは、運・不運とは違って偶然に生じるものではない。ひとはどうすれば幸せに生きられるのだろうか。幸せとは、いったいどういう状態を意味するのだろうか。今回は、旅の終わりで幸せの意味をつかんだ女性の物語を紹介しよう。

エレーヌ・グリモーの『幸せのレッスン』（横道朝子訳、春秋社、２０１８年）は、生の意味（方向）を見失って落ちこんでいたピアニストが、旅行中に出会ったひと達との対話や風景との交流を通じて、愛と自由、幸せに生きること、人間や自然との共存などについての考えを深めていく経験をつづった本である。

エレーヌ・グリモーは世界的に著名なピアニストである。彼女は、３ヶ月先まで演奏スケジュールがびっしり詰まっているという状況で、世界中をあちこち忙しく飛び回っていたが、そんな生活に次第に消耗してしまう。彼女はそのときまでの生活を支えていた信念をこう述べる。「音楽と結ばれて、私はもうじゅうぶん幸せじゃないの？　それに、音楽について何か問題に直面したときは、こんなふうに考えることに決めたはずだ――答えは過去を悔やむことにではなく、新しい未来を作り出すことにしかない。これこそが万能薬であり、あらゆる葛藤を解決してくれるんだ――と」（４～５頁）。先々の演奏の充実をめざして練習に取り組む彼女は、未来志向型のタイプであった。他方で、録音にさいしては、理想の音と現実の音との間のギャップをどう埋めるかという問題にいつも苦しんでいた。「私は日々のルーティンの中でくたくたになっていたのだ」（9頁）。彼女は、演奏のスケジュールにせきたてられるようにして暮らすなかで、すっかりエネルギーを奪われ、枯渇してしまったのだ。疲弊した彼女のこころに、得体の知れない悲しみの感情がつきまとうようになった。

「仕事を忘れて好きなことを思いっきりやろう。（中略）時間の流れを緩め、日々のルーティンから自分を解放しよう」（10頁）。「自分自身を見つめ直そう。自分と向きあおう。広い世界の空間が、愛が、そして孤独が今の私には必要なのだ」（同頁）。彼女は、3週間のヴァカンスを利用して一人旅に出る。

イタリアのアッシジが最初の目的地に決まった。途中の店のレジで偶然に知り合ったひとりの年配の男性（文学を教えていた退職教員、以下「先生」と表記する）が同乗者になる。二人の会話がはずむ。最初のクライマックスだ。「どんな先生に習ったのか」という目の前の先生の問いかけに、彼女はこう答える。「『何よりも大切なのは、疑うことだ。そして疑いを乗り越える秘訣を持つことだ。』先生はこう教えてくださったんです」（31頁）。「疑う？　何を疑うのですか？」、「自分自身を、です。曲をもっと深く理解できるのではないか、もっとうまく演奏できるのではないか、もっと独創性にあふれた演奏ができるのではないか、こんなふうに自分自身を疑い続けるんです」（同頁）。先生は、疑いを乗り越える秘訣とはなにかを問う。「確信です。私を駆り立てるこういった強い思いこそ、人間が持つ理性の中で最も美しいものなんだと確信することです」（32頁）。同感した先生は、類似した思いを学生たちに伝えてきた過去を振り返り、学生が自分のなかの最良の部分を見出せるようになるための条件こう語る。「それは今の自分をけっして卑下することなく、謙虚でありつづけること。それと同時に、今の自分にないものをけっしてあきらめずに求め続けるのだ、という強い決意を持つことです」（32頁）。

今度は、彼女が、優れた学生とはどんな学生なのかと問いかける。「『今』という瞬間に生まれるものを、ぱっとつかむことができるのです。『今』という瞬間の神秘を自分のものにできる。優れた学生とは『今』という瞬間を扱う名人なのですよ」（33頁）。その意味が彼女にはよく理解できない。

先生は教師の夢とは、学生から「『先生、結局、生きるとはどういうことなんですか』」（34頁）という質問を受けることだと述べる。先生は、生きることを教え、伝えることが教師のつとめだとも語る。生きることとは、「それぞれの苦しい体験の中で自発的に学んでいくものではありませんか？」（同頁）と反論する彼女に対して、先生が力説する。「とんでもない！　生きることを学ぶということは、何よりもまず、人生を愛することを学ぶことです。愛するとはどういうことかをね。窓を開けてみてください。そこには空や海がある。そこから愛は流れるように入ってきます。そして十分に愛に浸かったら、そのあとは死ぬことではなくて、死なないことを学ばなくてはなりません。それは自分の命を完成された作品の中に注いでいくこと、ひとつのヴィジョンを持って表現することです」(35頁)。「どんなヴィジョンですか?」(同頁)という問いに、先生はボードレールのことばを口にする。「『詩によって、詩を通して、そして音楽によって、音楽を通して、魂は墓の背後に広がる燐然たる輝きにふと気づくことができる』」(同頁)。「私たちがこの世で過ごす時間は短い。たとえ、人生に意味を見つけられなくても、この奇跡的で神秘的な一瞬から自分たちの楽園を作ることができるんだと強く信じなければならないのです」(36頁)。

先生はまた、生きることを信じることとは、それがもつ力を信ずることであり、「生きる力とは、自分以外の存在へ向けての命の躍動です。自分以外の存在を愛すること、賞讃することです」(37頁)と述べる。「生きる力、つまり『支配力』ではなく、人間の持つ『可能性』が申し分なく発揮されるのはいつかというと、鳥が大空を飛んでいるとき、魚が海で泳いでいるときのように、自由であるときなのです」(同頁)。自分を愛するのではなく、自分以外のものに愛を振りむけることが自由のあかしだというのである。

先生によれば、学校は「自由になることを学ぶ場所」(40頁)である。学校は、学生が自由になることを学ぶ時間のなかで、なにが真実であるのかを見極め、心を磨く、本を読む、恋をする、世界を見出すといったもっとも人間らしい活動に打ちこむ場所なのである(40〜41頁参照)。

別れぎわに、先生は彼女に問いかける。「いったいあなたは何を期待していらっしゃるのかな？」（45頁）。彼女は肩をすくめて答える。「音楽をよりよく演奏すること、作品をよりよく解釈することです」（同頁）。「ひとつ提案があります。音楽をよりよく演奏したいのなら、音楽を生きてみてはいかがかな？」（同頁）、こう言い終えて、彼は車から離れた。

「音楽を生きる」という謎めいたことばは彼女から消えない。彼女は訪れた修道院で、庭の手入れの手伝いをしているベアトリスという女性と出会う。ベアトリスは、こう答える。『音楽を生きることはできるのか？』」（65頁）という問いをぶつける。ベアトリスは、こう答える。「はっきりとは分からないけど、こんなふうに言えるんじゃないかな。自然そのものが音楽を生きている。大地は歌を持っている。時間だって歌を持ってるって」（66頁）。

ベアトリスはさらに話し続ける。「最近、世界と仲直りするために自分の第六感を鍛えようと思ってるの。あるがままに世界を見ること、世界の音を聞くこと、世界の香りを嗅ぐことができるようになる方法を身につけたい。世界と世界の記憶とを体験し、世界とそこに存在するさまざまなものの秘密の呼応関係を知りたい」（68頁）。「第六感を鍛えたりしてるうちに、私はこんなふうに思うようになった――私たち人間が、自分の人生や、自分自身や、自分の運命を信じようとしないから、世界も人間に対して心を開いてくれないいんじゃないかって」（69頁）。

もう一度、『音楽を生きることができるのか』」（71頁）という問いに戻ってくる。ベアトリスはこう続ける。「その疑問をこんなふうに言い換えてみたらどう？　大自然の中でこれまで耳にした音楽のうち、自分自身を心から感動させた音楽はいったい何か？　自分の全存在がかき回され、その衝撃がしばらく心を離れなかったのは、どんな音楽を聴いたときなのか？」（71頁）。この問いによって音楽的な感動の原体験へと連れもどされた彼女は、「音楽を生きる」ことのヒントを得る。

その後、彼女は先生からハンブルクに住む知人のハンス・エンゲルブレヒトにオルゴールを届けてほしいと依頼され、一通の手紙が添えられていた。その一部を要約する。太陽や花ざかりの木、風景などはそこにあって、充足しており、われわれを幸せな気分にしてくれる。それらは見返りを求めない。しかし、人間はいつも完璧を求めたり、よりよい状態をめざしたりして、いま現にここにいることから遠ざかってしまう存在である（77頁参照）。「自由とは、魂が身体とともに生き、身体が魂とともに生きることである。つまり、自由であるためには、魂が『今、ここで』燃えている命を生き、身体が『今、ここ』で燃えている魂を生きることが必要なのです」（78～79頁）。「『音楽を生きる』とは、何よりもまず、あなたの命が音楽によってこそ引き継がれるものであってほしい、という私の願いでもあります」（79頁）。先生は、先へ先へと急ぐのではなく、いまを存分に生きることの大切さを強調している。ヴェネチアに旅立つ直前のグリモーとの会話で、ベアトリスはこう語る。「今この瞬間を生きている人がいる。彼らは今を作り、今を豊かにし、今に重みを与え、今を輝かせている」(83頁)。

ハンブルクに着いて、彼女はハンスの住まいを訪ねる。先生は、かつてハンスの家庭教師をしていた。ハンスは、4歳から母の指導でヴァイオリンを習い、演奏家になった。母はハンスに、「作曲家が目指した理想を再現する」(208頁)という完璧な演奏を求めた。それに異論を唱える先生は、『今、ここ』(210頁)で、音楽そのものも最も深い存在を目覚めさせるために演奏するのだと主張した(同頁参照)。その後、ハンスは事故で視力を失い、音楽や芸術のために生きるのはやめ、音楽や芸術とともに生きていこうと決心する(213頁参照)。未来よりも、いまを優先して生きることを決意したのである。その決心によって、完璧な演奏を求めて常にアクセルを踏み続ける多忙な日々から、自分のためにだけ演奏するゆったりした時間が生まれた。

グリモーはハンスに自分の悲しみについて語る。「悲しみはまだずっとそこにいる。一日も早く追い出したいんだけど、その悲しみがどこから入り込んできたのか、私にはわからないんです。いったい、どんなひび割れから私の中に入り続けているのかしら?」(212頁)。ハンスは、いまは実現されていない演奏の完璧さを追いかけ続けた過去を振り返りつつ、こう返答する。「悲しみというものは、何かのあとを追いかけることから生まれます。僕たちは真実や、音楽や、天国のあとを追いかける。自分自身の外側にそれを探し求めます。だけど、それはそこにはありません。それを見つけるためには、僕たちの存在の内部に深く潜ること、自分にははっきりと見える心の中に潜ることが必要なんです。（中略）悲しみを感じるのはいつかといえば、それはルーティンや怠惰のせいで、自分の魂の中に深く潜ることをやめている時ではありませんか？　自分の心の中を掘り返すこと、一番根っこの部分まで掘り返すことを絶えず続けていけば、僕たちはますます質素に、ますますシンプルに生きることができるようになる。自分を飾り立てるごてごてした装飾をあっさり手放して、一番大切なことをつかむことができるようになるんです」（214〜215頁）。自分の魂の世界の奥深さに無頓着だと、ついつい外部にあるものを際限なく追い求める方向に傾く。それをきっぱり断ち切るのが最良の選択だというメッセージだ。「いま、ここ」で、自分のなかへ潜っていくことに集中すれば、おのずと悲しみの感情は薄れていくと、ハンスは告げた。

この会話が、グリモーの幸福論へとつながっていく。この本の最終のクライマックスだ。彼女は自分の存在についてこう考える。「私であるということは、私の魂にふさわしい生き方をすることだ。神さまが私たちひとりひとりに与えてくれた、それぞれの運命に応えること。この世に存在するという奇跡を、それぞれの人間がそれぞれの生き方で受け止めること」（224頁）。彼女は、「『あなたの命が音楽によってこそ引き継がれるものであってほしい』」（224頁）という男性のことばは、「『何も与えられなければ、何も生まれない』」という意味だと理解する。彼女は、生きることは、「何かを伝えること、命を渡す人になること。信じること、愛すること、考えること、存在すること。そして、手を差し伸べることだ」(224頁)と気づく。こうした態度が欠けていたことが悲しみの原因であったことにも思いを凝らす。

彼女は生きることの条件を満たすだけでなく、幸福の条件も模索する。「幸せに生きることは、自分自身の力で学ばなければならない。そして、それができたなら、復習しなければならない。それは、誰もなまけることができない気が遠くなるような練習曲だ。(中略)幸せに生きることは、人生の義務そのものだ」(225頁)。彼女は、自分で学んだ幸せをこう定義する。「幸せだけが、消えていこうとする命の灯に最高の輝きを与えることができるのだ。幸せとは神秘だ。けっして消えることがない神秘。喜びという名の輝きに包まれた恍惚。崇高な音楽のように、けっして言葉ではつかむことができないもの」(226頁)。

3週間の旅が終わる頃、グリモーを当惑させていた悲しみの正体が明らかになる。「私の悲しみ? 昨日まで私を包んでいたぞっとするような悲しみは? それは、幸せに生きるという義務、分かちあうという義務をすっかり忘れ、世界との調和を失ってしまっていたことが原因だったのだ」(227頁)。彼女は、悲しみの由来をさぐるなかで、未来のよりよい演奏のことを第一義に考える姿勢が、音楽を生きる現在の喜びをそぎ落としていたことに気づく。音楽はまた、「私」の演奏の問題であると同時に、聴き手になにを伝えられるかという問題でもある。音楽は「私」と「他者」との間に息づくものなのだ。幸せに生きることも、単に私事ではすまされず、それは他人との間でどう生きるかという問題にむすびつく。グリモーは、自分の音楽に対する態度を見つめなおすことによって、共に音楽を生きる世界へと踏み出したのである。

『幸せのレッスン』は、グリモーが旅で出会ったひとびととの対話を通じて自分を発見するまでの過程を生き生きと描く傑作である。旅によってもたらされる、日常とは異なる豊かな時間の物語でもある。

苦しみを通して歓喜へ

――フジコ・ヘミングと野田あすか――

「苦しみを通して歓喜にいたれ」は、ベートーベンがある女性への手紙のなかで書きしるしたものである。ベートーベンは20代の後半から難聴に苦しみ、最後にはほとんど聞こえなくなった。40代には自殺さえ考え、「ハイリゲンシュタットの遺書」を残すまでに追いこまれた。苦しみは「運命の力」であり、避けようとして避けられるものではない。彼は自分を襲った運命的な危機を克服して、数々の傑作を残した。

今回は、ベートーベンの生涯を連想させるふたりのピアニストの本を紹介しよう。

フジコ・ヘミングの『たどりつく力』（幻冬舎、２０１６年）は、現在（２０２０年）も世界各地で演奏活動を続けているピアニストの自伝である。

フジコ・ヘミング（１９３２〜）は、スウェーデン人の父と日本人の母の間にベルリンで生まれた。５歳のときに一家で日本に帰国した。５歳から母親の厳しいピアノレッスンを受け、10歳で著名なピアニストのレオニード・クロイツァーに師事する。16歳のときに、中耳炎をこじらせて右耳の聴覚を失う。帰国後、一度もスウェーデンを訪れなかったため、18歳のときにスウェーデン国籍を失った。東京藝術大学卒業後、留学を夢みるが、無国籍のためかなわなかった。29歳で難民としてドイツに渡り、ベルリン国立音楽大学に留学した。

卒業後、ソリストとしての道が開かれる。1969年、レナード・バーンスタインらの推薦で、ウィーンでのリサイタルが決まる。しかし、その直前に風邪をこじらせて左耳も聞こえなくなり、最悪の状態でリサイタルに臨んだものの悲惨な結果に終わった。まったく音の聞こえない生活は2年間続いた。ストックホルムで耳の治療に専念した結果、左耳の聴力は40％まで回復した。

1996年に帰国。1999年、NHKのドキュメンタリー番組「フジコ〜あるピアニストの軌跡〜」が放映され、一夜で名を知られることになる。

『たどりつく力』は、クリスチャンとしてのヘミングが、貧乏、差別、病気といった苦しみを神さまの試練として克服し、「『どうか人前でピアノを弾けるようになりますように』」（14頁）という祈りを実現するまでの軌跡をしるしたものである。「プロローグ」、「運命の重い扉を開く」、「自分らしいピアノ、自分らしい生き方」、「魂は不滅だと音楽は教えてくれた」、「ピアノの奥深い楽しみ、そして魔力」の4章、「エピローグ」からなっている。

第1章で彼女はこうしるす。「ウィーンで両耳の聴力を失った時には、もう二度と人前で演奏することはできないと思っていましたが、神さまが救ってくれました。／これまでどん底の貧乏も経験しましたし、人の冷たさや意地悪も嫌というほど味わいましたが、不思議なもので、いつも崖っぷちまで追いつめられると神さまが手を差し伸べてくれるのです」（15頁）。「自分の人生はなにか」、「なぜこんなに辛い目に遭うのか」と悩み苦しみ、もがき、自暴自棄になったときでもピアノをやめようと思ったことは一度もなかった（16～17頁参照）。音楽への変らぬ愛が彼女をかろうじて支えてきたのである。

彼女はクロイツァーから学んだことをこう表現している。「音楽をこよなく愛すること、作曲家に敬愛の念を持つこと、作品の内奥を突き詰め楽譜の裏側まで読み込み、作曲家の意図したことに近づくこと、各々の作品に対する時は自分の魂を込めて演奏すること」（33頁）。

ストックホルムでのある出来事が彼女の生活の指針を決めることになった。あるとき、隣室のカップルが、「パスタを食べに来ないか」と誘ってくれた。空腹で死にそうなヘミングが飛んでいくと、パスタだけが皿にのっていた。彼らも貧しくて、それだけしか買えなかったが、彼女の窮状を見かねて声をかけてくれたのだ（67～68頁参照）。彼女はこう続ける。「どんなに困難な時でも、自分よりもっと大変な人がいる。その人に手を差し伸べるという精神を、この時に学んだのです。／いまでも私はその精神を大切にし、恵まれない人や捨てられた動物たちに援助の手を差し伸べるようにしています」（68頁）。

第2章は、ヘミングの演奏論だ。彼女は自分の「ラ・カンパネラ」の演奏をぼろくそにけなした評論家を念頭にしてこう述べる。「ぶっ壊れそうな『鐘』があったっていいじゃない、私の『鐘』だもの。この響きを聴いて涙を流してくれる人だっているんだから」

(93頁)。「心ない人たちが何をいおうと、負けてはいられません。私は自分の音楽を信じ、自分のピアノを聴いてくれる人の気持ちを尊重し、いい演奏をするだけ。／うしろ向きに考えるより、常に前向きに物事に対処したいから」(同頁)。彼女は、もっとも心に残る批評を紹介している。「『フジコの『ラ・カンパネラ』は哀しく、深く、人生を考えさせるものだ。生きざまが投影された味わい深い演奏である』」(96頁)。彼女は、19世紀のヨーロッパのピアニストたちをほうふつさせる演奏を望んでいる。「ある種のノスタルジーを感じさせ、香り高く、エレガンスの衣をまとい、聴いてくれる人たちがえもいわれぬ至福の時を過ごせる音楽。／音符と音符のほんのちょっとした間、リズム、音の揺らし方などにも個性が表れ、技巧に頼って突っ走る弾き方ではけっしてない。／ショパンやリストが生きていた時代、馬車が行き交う速度を思わせるテンポ。断じて現代のクルマ社会の速度ではない。／そうした奏法が私の目指す音楽です」(96頁)。

第3章は、人生論の展開である。彼女によれば、人間の経験においては、どんな出来事も肥やしになる。「若いころに体験した苦労は、けっして無駄にはなりません」(127頁)。あらゆることが人生の貴重な時間となり、人生の糧となり、現在の自分に生かされてくる(同頁参照)。「私が体験したすべては音楽となって表れています。生き方や人生観そのものが、私のピアノには投影されているのです」(127〜128頁)。過去の生活が現在の生き方に反映し、現在どう生きるかが今後の生き方に影響するということだ。

第４章では、彼女はお気に入りのピアニストの名前をあげ、演奏の特色について述べている。マルタ・アルゲリッチ、アリシア・デ・ラローチェ、アルフレッド・コルトーらの名前が出てくる。「私の好きなピアニストは、みんな音そのものが温かく、人間的な音楽が魅力です。私もそうありたいと願い、常に人間が演奏していると感じてもらえるよう、ぬくもりに満ちたピアノの響きを目指しています」（142頁）。

「エピローグ」で、彼女は読者に対してこう語りかける。「人生はいろんなことを乗り越えていくものですが、努力さえしていれば、夢さえ失わなければ、その先には大きな発見が待っています」（187頁）。「壁にぶつかったら、自分の心に聞いてください。／自分が本当にしたいことは何か、どう生きたいのか……。／素のままの自分と対話することで、きっと一条の光が見えてくるはずです」（同頁）。

本書は、ピアノソロや室内楽などの演奏を通じて、聴き手に至福のときを届け続けたいと願うピアニストの告白である。やさしいことばで、苦しい目に遭っても前向きに生きるための知恵が語られている。

野田あすか・野田福徳・恭子の『発達障害のピアニストからの手紙　どうして、まわりとうまくいかないの？』（アスコム、２０１５年）は、広汎性発達障害、解離性障害が原因で、幼児期から苦しい経験を強いられた女性の手紙と、両親の手記が中心になった本である。

２０１３年の国際的な診断基準の改訂により、広汎性発達障害に分類される障害のほとんどは「自閉症スペクトラム障害」という診断名に統一された。その結果、彼女の病状も「自閉症スペクトラム障害」と診断されているが、本書では、現時点（２０１５年）で一般的に知られている広汎性発達障害という名称が用いられている（3頁参照）。

野田あすかは、4歳ころからピアノ教室に通い始め、家では母親の厳しいレッスンを受けた。のちにすぐれた先生との出会いがあり、２００６年に開催された「第12回宮日音楽コンクール」でグランプリを受賞した。２０１２年には、テレビ宮崎のドキュメンタリー番組『こころのおと〜あすかのおしゃべりピアノ〜』が九州で、年末には全国で放映された。

本書は、「はじめに」、「なぜまわりの人とうまくいかないのか？」、「ピアノが教えてくれた『こころのおと』」、「くやしい気持ちを我慢していた子どもの頃」、「なぜ、パニックになるのか？」、「精神科に長期入院。原因は何なのか？」、「下された診断は『広汎性発達障害』」、「障害を隠しつづけるのか、公表すべきなのか？」、「ありのままの自分でいい」、「手紙〜小さいころの私へ〜」の9章、「あとがき」からなる。

第1章で、両親は、長女のあすかが20歳を過ぎて広汎性発達障害と診断されるまで、障害に気づかなかったという。両親は、長女には、「相手の気持ちや場の空気が読めない」、「言葉をそのままの意味で受け取る」、「他人の表情や態度などの意味が理解できない」、

「興味のあることは何時間でも熱中する」といった、この病気に典型的な行動が見られたと回想している。両親はまた、自分が自分であるという感覚を失う解離性障害についても語っている。彼女は、「大学生のときに解離を起こしてパニックになり、家の2階から飛び降り、粉砕骨折した」（35頁）。またあるときに突発性難聴に襲われ、左耳の低音がほとんど聞こえない状態がいまも続いているという（同頁参照）。

この章の「あすかの手紙」のなかで、彼女はそれまでの過去を振り返り、発達障害によって起こる症状を記述している。そこには、大学生になるまで、みんなと違うのは障害のせいだと分からなかった、人の顔を識別できない、言われたことは、言葉どおりに守る、叱られた理由が分からない、みんなと同じ行動ができない、道順を覚えるために、草で目印をつけて歩くといった日常生活の一面がしるされている（39～45頁参照）。そんな彼女を世界とつないでくれるのがピアノだった。彼女は、「鳥の声とか車の『ブッブー』という音とかを、ぜんぶ音楽にして頭で流すのが趣味でした」（48頁）、「『私』と『私のこころ』の間には、いつもピアノがあります」（50頁）と述べている。手紙のおしまいで、彼女はこうしるしている。「みんなから否定されて、誰も私の言うことは聞いてくれないけれど、ピアノなら聞いてくれる。だから、ピアノを聞いてくれる人に、私を伝えたい。／障害とかがなくても、将来が不安な人や、今苦しんでいる人が、私のピアノを聞いて、ほっとして『またがんばろう』『これからも生きていこう』と思ってもらえるような音を出せるようになること。／これが私の夢、私の願いです」(53頁)。

第2章では、2011年に宮崎市で開催された「野田あすかピアノリサイタル『こころのおと』の様子について父が描いている。彼女は、片野先生から演奏の技術と音楽性の的確な再現の仕方についての指導を受け、田中先生からは、自分の思いを音楽で表現することの大切さを教えてもらった(61頁参照)。片野先生は曲にふさわしい音を出すことを求めたが、あすかはそれに応えることができず、自分の感情に結びついた音しか出せなかった。それがよいことなのか、駄目なことなのかを問いかけたあすかに、田中先生はこう答えた。「『あなたの音はいい音ね。あなたは、あなたの音のままでとても素敵よ。あなたは、あなたのままでいいのよ！』(66頁)。あすかは驚いた。「それまでは、自分を否定したり、殺したり、だめだとあきらめたりすることしか考えられなかった私にとって、『私は私でいい』というのは、救いの光のような、すごくびっくりする考え方でした」(同頁)。彼女は自分の弾く音が自分の「『こころのおと』」(67頁)になっていることに気づいて、彼女は「初めてピアノと友だちになれた」(同頁)。教えられて弾くという受身の姿勢に変化が生じたのである。

田中先生は、両親への手紙をこう結んでいる。「あすかさん、あなたはいろんな壁を努力と自分自身への負けん気で乗り越えてきました。これからもまた、新たな壁があらわれることでしょう。でも、あなたはそれを乗り越えてきたからこそ、今のあなたの音楽があるのだと思います。『ただピアノを弾いているだけのあすかさんから、自分の音楽を人に聴いてもらえることが喜びに変わったあすかさん』になったのです。これはピアニストにとってとても大切なことだと思います。／これからも、聴く人の心に、安らぎや感動を与えることができるピアニストになってほしい、と心から願っています」（75頁）。

第5章では、大学生活を始めたものの、過呼吸発作が原因で病院の精神科に入れられ、「鉄格子がはまった牢屋のような保護室」（124頁）で、ピアノを取りあげられて過ごさざるをえなかった日々が描かれている。病院では、解離性障害という診断が下された。彼女は、置時計を壊して取り出した針や、天井の電球を手で割った破片でリストカットをおこなった。障害の原因がピアノにあると的外れな判断を下した病院は、半年間、あすかからピアノを遠ざけた。

あすかは、一時的に解離症状がおさまり退院したが、自宅で地獄の日々が始まった。解離が起きて、夜中に徘徊したり、日曜日の夜は、大学に行きたくないと泣き叫んで、2階の窓から飛び降りようとしたりした。児童虐待を疑う隣人の通報で警察がかけつける事態にもなった。彼女は、大学を半年休学し、復学したが、2年生の終わりに退学せざるをえなかった。

第6章で、退学後の変化に焦点があてられる。あすかは、退学後、入退院を繰り返すなかで、ピアノから遠ざかり、1年以上練習もできなかった。しかし、ピアノを弾き、本格的に学びたいという情熱がよみがえり、宮崎学園大学音楽科に長期履修生として通学することを許可される。そこで、先述の田中先生と出会い、指導を受けるようになる。ある時、ウィーン国立大での5日間の短期留学ツアーの機会がおとずれる。5人が参加したが、環境の変化に対応できなくなったあすかは現地でパニックになり、過呼吸発作で病院に運ばれる。病院では、広汎性発達障害と診断される。それまで治療可能な解離性障害と思っていた両親は、現状では治る見込みのない病気だと知っても、その事実を受け入れられなかった。帰国後、詳しい検査がおこなわれ、広汎性発達障害に間違いないことが確認された。

第7章には、あすかが日本テレビの「24時間テレビ」(2010、2011年)で競演した全盲のバイオリニスト白井崇陽のブログ発言が引用されている。「リハーサルの日。最初の1音をあすかさんが演奏した瞬間『いける!』そう思いました。(中略)その音には言葉以上の思いがこめられていました」(161頁)。「僕自身が、いままでに感じたことのないほど、音から強い思いを感じ、最後の1音を弾き終わったときに、感動で涙しそうになりました」(162頁)。彼女を指導したロシア人のセメツキーも、あすかの出す音の美しさを絶賛している(165頁参照)。

第8章の「あすかの手紙」のなかで、彼女は、第2章で述べたソロリサイタルにこぎつけるまでの心境をこうしるしている。「今、学校や職場で障害があることでつらい思いをしている方々に、／『きっとこれから先、いいことが待っている』／そう感じてもらえる演奏をするのが、私の理想です」(180頁)。「言葉ではうまく伝えられなくて、いつもトンチンカンなことを言って笑われたり怒られたりしてしまうけど、ピアノなら正しいコトバで伝えられる気がする。ピアノさんはいつも、私のこころをわかってくれて、私の『こころのおと』を出してくれるから」(181頁)。

あすかは、リサイタルで、ピアノの音を通して自分の心を見てもらえた、自分の「こころのおと」を受け止めてもらえたと感じ、自信を得た(185頁)。父はこう述べている。「このソロリサイタルをやりとげることができたことで、自分の音楽を人に聴いてもらうことを自らの喜びとして、糧として生きていこう、どんなに困難なことがあっても勇気を出して前に進んでいくんだという新たな地平が、あすかの目の前に開けたのではないかと。私は感じたのです」(186頁)。

第９章の「あすかの手紙」はこう結ばれている。「最後に、ピアノさんありがとう。私に私のこころをいつも教えてくれてありがとう。／ピアノさんは私の知らない私のことも、音色で教えてくれるね。／そのおかげで、いろんなことがわかるようになったよ。／ピアノさんがいるから私がいる」(217頁)。ピアノは私が弾く単なる道具ではなく、私にこころのことを教え導いてくれる友だちであり、師でもあるということは、ピアノを弾けないひとにとっても、生きていくうえでとても大切な教えである。

September　９月―１

憎しみと赦し

――ルワンダへ、ルワンダから――

ヴェロニク・タジョの『神の影《イマーナ》　ルワンダへの旅――記憶・証言・物語』（村田はるせ訳、エディション・エフ、２０１９年）は、ジェノサイドの地、ルワンダを旅した著者によって書かれた物語である。タイトルにあるイマーナは、かつてルワンダの大多数のひとびとによって信仰されていた唯一神である。ルワンダの植民地化後にキリスト教をもたらした西洋の宣教師達は、ルワンダ古来の信仰を異教として排除しようとした。その結果、ルワンダ人のこころに深刻な断絶が生じた。タジョは、貶められた信仰に敬意を払ってこのタイトルを選んだという（199頁参照）。このタイトルについて、タジョはこう述べている。「わたしは神の『影』というイメージ、あたかも暴力渦巻くジェノサイドの中のルワンダを神が見捨てたかのようなイメージを使い、ぞっとするほど恐ろしい出来事を表そうとした」（同頁）。「しかし、『影』は、いつまでも同じ場所にあるわけではない。やがてそこに日が射せば、退いてゆくのだ」（同頁）。

ヴェロニック・タジョ（１９５５〜）は、コートジヴォワール人の父と、フランス人の母との間にパリで生まれ、父の国の首都アビジャンで育った。詩人、小説家、児童文学作家として活動するかたわら、ルワンダ、ベナン、チャドなどで絵本製作のワークショップを開催し、アフリカの児童文学の発展に寄与している。

「はじめてのルワンダ」の冒頭で、タジョはこうしるす。「テレビに流れ、世界中を一瞬で駆け巡り、あらゆる人の心に恐怖を刻みつけたあの映像が撮影された、まさにあの場所に行きたかった。ルワンダが永遠の悪夢、単純な恐怖でありつづけてはいけないと考えていた」(10頁)。ルワンダに行き、ひとびとと交わり、ジェノサイド記念館をおとずれ、凝視して、考えぬかなければならない、彼女はそう覚悟した。「起こったことはわたしたちすべての人間にかかわりがある」(同頁)。それを他人事として見過ごすことはできないと考えたからだ。

ドイツ、ついでベルギーによって植民地化されたルワンダでは、統治者によって、政治的支配の効率化のためにフツとツチというふたつの部族の分断が図られた。そうした政治的な背景のもとで、両部族は加害者と被害者という立場に追いこまれた。彼女はこう想像する。「理性が完全に失われた夜、もし大量虐殺の歯車に巻き込まれたなら、わたしは何をしていただろう。裏切りに抵抗しただろうか。卑怯者だったか、勇敢だったか。殺していたのか。殺されていたのか」(70頁)。「もし、わたしがそこにいたなら、わたしはどうなったか分からない。何をしたかも分からない」と、加害と被害のふたつの可能性の場面を想像しながら、彼女はこう書きとめる。「ルワンダはわたしのなかにある。あなたのなかに、わたしたちのなかにある。／ルワンダはわたしたちの皮膚の下に、血のなかに、腸のなかにある。ルワンダはわたしたちの眠りの底にある。目覚めているときの心のなかにある」(同頁)。

ルワンダの部族にも、わたしたちのなかにも憎しみの感情が等しく潜んでいる。人間関係のもつれは、しばしば、憎む、憎まれるという感情の渦へとわたしたちを陥れる。憎しみの感情が為政者や支配者によって巧妙にあおられると、ルワンダのような惨劇はどこでも起こりうるのだ。タジョはこう述べる。「憎しみは、わたしたち一人ひとりのなかに眠っています。この未知のものが、わたしたちをもっとも深く苦しめるのです。目を覚ました憎しみは、わたしたちを異次元世界に突き落とすこともあるのです。もし明日、処罰を恐れる必要がなくなったら、わたしはいったい何をしでかすでしょう？　もし目のまえに未踏の領野が開かれ、昨日のさまざまな屈辱や欲求不満、恨みを晴らせるとなったら？

昔からある倫理規範が世界から突然消え去ったなら、いったい何が起きるでしょう？」（177～178頁）。倫理的な意識が薄れ、自制をうながす働きが消失すれば、わたしたちはなにをするか分からない不気味な存在である。その先には、悪が跋扈する世界が出現するかもしれない。しかし、それでもなお、善良な行為、勇気ある行為が消えることはないだろうと、タジョはつけ加えている（178頁参照）。

「この本を読むあなたへ。あなたもわたし同様、これからの旅に恐怖を感じているだろうか。もしジェノサイドの地獄に放り込まれたら？　人間でありつづけるために、あなたならどんな犠牲をはらっただろうか」（20頁）。「あまりの残虐さに歪められた死との対面、その想像を絶する対面への心構えが、あなたにはあるだろうか。／心を決めて旅に同伴してほしい。わたしたち人間はいつかしっかりと立ち止まり、自分を見つめなければいけないのだから。平穏なうわべの下に潜む自分自身の恐怖を、探求しにいかなければならないのだから」（21頁）。古代ギリシアの哲学者デモクリトスは、自分自身より以上に、他の人々を恐れてはいけない、なによりも自分自身を恐れなければならないと述べた。デモクリトスは、自分のなかに、状況次第では自分がなにをしでかすか分からない恐怖を認めていたのだ。タジョは、自分のなかに潜む「恐怖」を見つめるために、自分の底に向かって降りていこうとしている。

「訳者あとがき」に、タジョが「書くこと」について答えたインタビュー（２００６年）の一部が紹介されている。「書く過程では、掘り下げよう、もっと掘り下げようとする。いつでも、もう少し遠くに行ってみようとする。掘り下げるつもりがないなら、書く必要などないのだ」（207頁）。掘り下げるとは、ひとつの考えにとどまらず、それを突き崩して違う方向へと考えを進め、まだ考えていないことを考えていく際限のない試みのことだ。その試みが書くことへとつながる。タジョは本書で、ルワンダのジェノサイドだけでなく、アフリカの歴史、人間、生と死について考えに考え抜き、書くことで人生が変ったという（211頁参照）。

同じあとがきに、文学とジャーナリズムに関するタジョの発言が引用されている。『文学はジャーナリズムなどと同じ事柄を取りあげても、日常生活に統合させる。ジャーナリズムが語ることを個人的に語りかける。わたしがあなたに語りかけているように、直接的に。わたしは読者に直接語りかけたいのだ』（210頁）。タジョが求めるのは、出来事に関するジャーナリスティックな報告ではなく、読者の想像力を喚起する文学的な記述である。彼女は、出来事の現場を想像的に再現し、発言者の立場に立って考えることを読者に求めている。その意図を実現するために、彼女は、ルワンダに身を置く自分の私的な状況や、ジェノサイド記念館の内部報告、平和で穏やかな美しい村の描写、ジェノサイドを生き延びたひとびととの交流、過去の記憶をめぐる発言、死者たちのこと、本からの引用などをパッチワークのように組み合わせて、ウガンダで起きたことの細部を文学的な空間のなかで浮かびあがらせようと腐心している。

ジェノサイドはどのように行われたのか。その状況を示すために、「キガリ」のなかで、『いかなる証人も生きのびてはならない　ルワンダのジェノサイド』という１９９９年にパリで出版された本の一部が引用されている。「『ジェノサイドを組織した者たちは、ツチに対する恐怖と憎しみを巧みに操り、フツたちに連帯意識をもたせようとした。さらには、そうやってジェノサイドを集団の責任に帰そうとした。人々は一団になって殺害を実行するよう促された。ちょうど一斉射撃を命じられた銃殺隊の兵士たちのように、行為の個人的責任あるいは全体的な責任を問われないようにしたのだ。『けっして、たった一人で殺すことはしなかった』と、ジェノサイドに加担した一人が明言した』」（124頁）。本を閉じたタジョは、あらためて過去を記憶し、証言することの重要性をかみしめている。
「〝ツチにしか見えない〟ザイール人の女」のなかで書きとめられた、「殺戮の狂気の歯車に巻き込まれた」（130頁）若い女性のひとりの語りは、荒々しい暴力が惹き起こした状況を生々しく再現している。読み進むうちに息苦しささえ感じさせるほどの悲痛な記述が続く。「もしわたしがその場にいたなら、わたしはなにをするだろう」。想像は宙吊りになる。

「二度めの帰還」で、タジョはこうしるす。「人間の暴力は残酷で忌まわしい死をもたらした。暴力は、時の記憶のなかの永遠の怪物。／理解しなければ。憎悪の仕組みを、分断を引き起こす言葉を、裏切りを封印する行為を。人の心を恐怖で満たす身振りを。これらすべてを解体する方法を、理解しなければ。／はっきりと自覚しなければ。わたしたちの人間性は危機に直面していると」（180〜181頁）。

ジョセフ・セバレンジ＋ラウラ・アン・ムラネの『ルワンダ・ジェノサイド　生存者の証言　憎しみから赦しと和解へ』（米川正子訳、立教大学出版会、2015年）は、祖国ルワンダで起きたジェノサイド前後の経過を自伝的に振り返る報告書である。
セバレンジは、1994年のジェノサイド直前に国外逃亡した。のちに帰国してルワンダ議会の議長を務めたが、政府内の対立で暗殺の標的になり、再度亡命を余儀なくされた。彼の両親や7人の兄弟姉妹、多くの親族もフツ過激派によって殺害された。

セバレンジは、「日本語への序文」で、アフリカ中央部の小国で起きたことは、世界のどこで起きても不思議ではないと述べる。「ほとんどの国が不可解な規模で死と破壊を経験しているからである」（ⅰ頁）。彼は、人間の歴史がときに大規模に殺し合う惨劇の歴史であったが、今後は暴力的な対立ではなく、人間相互の和解の道をさぐらなければならないと述べている（ⅱ頁参照）。

本書の「その後、赦しと和解に向けて」には、著者の平和への祈りが強くこめられている。「和解は、悲惨で醜い過去に立ち向かい、明るい未来を共同で考案するために、敵同士を呼び集める。過去に起きたすべての人権侵害に関する真実を伝え、皆がお互いに平和に一緒に暮らせる社会を築くよう、対立している地域社会を呼び集める。お互いの話に思いやりを持ち、集まって耳を傾けるよう求められる。これはまさに、フツとツチの命が親密に結ばれているルワンダに必要なことだ」（264頁）。ひとから被害をこうむったときに、すぐさま怒りにかられて復讐するのではなく、状況次第では相手がしたことを自分もしうると冷静に反省し、自制することができれば、被害と加害の連鎖に終止符を打つ方向が見えてくる。自分の苦しみだけにとらわれるのではなく、相手の立場に身を移して、相手の苦しみを自分の苦しみとして受けとめることができれば、相互に交流する可能性も開かれるだろう。しかし、それは容易ではない。

セバレンジは、ジェノサイド後の怒りで消耗した日々のなかで、「なぜ、そんなことが起きたのか」と問い返しながら、檻に閉じこめられた動物のように行ったり来たりしていた（288頁参照）。その過程で、憎み続けるよりも、「赦すこと」に目を向けるべきではないかと考えるようになった。その思考は、彼の心にひとつの明かりをもたらした。「赦すことで、私は全く新しい光の中で、世界を見渡すことができるようになった。自分自身を自由に解放する力を持ち合わせていることに気づいた。私たちは皆、自分を解放する力を持っている」（同頁）。そう確信した彼は、本書でもっとも重要なことをしるす。自分を解放するためには、「簡単に達成できない内面的変化のようなものが求められる。高いレベルの意識が必要だ。以前とは違った見方で、世界を見なければならない。私たち全員が不正行為に関わったことがあるので、そこにはあなたも含まれる。ジェノサイドの恐怖を体験したことがないかもしれず、家族を殺害されたこともないかもしれないが、少なくとも誰かに虐待されたことがあるだろう。不誠実な配偶者、思いやりのない両親、疎遠な子ども、憤慨している同僚。痛みとは思想の領域であり、私たち一人ひとりはその領域のどこかで居場所を見つけ、それぞれ赦す機会がある」（同頁）。他人の不正をとがめる前に、自分のなかの悪や不正を見つめるならば、他人を一方的に責めるのではなく、「私があなたなら、私も同じことをしたかもしれない」と相手を赦すこともできるようになる。

セバレンジは、赦すということに関して3つの点を指摘している。第1点は、私たちがお互いに赦し合うことができれば、次世代の平和は可能になるということである。「次世代に平和をもたらすには、赦しこそが被害者ができる最も合理的な応答である」(290頁)。私たちのなかに潜む憎しみや復讐の願望に身をゆだねることを制御し、相互に理性的な仕方で交流できれば、暴力の連鎖が断ち切られるのだ。第2点は、赦しは身体にいいということである。ルワンダには、「自分を傷つけた人に対する怒りと憤りは、結局、自分自身を傷つけることになる」(291頁)という意味の諺があるという。近年の医学・心理学的な研究によれば、怒りと敵意は循環器の機能に有害であり、嫌悪の感情は心身の働きに毒を盛ることになる(292頁参照)。セバレンジ自身も、ジェノサイドの記憶の反復や、怒り、苦しみで不眠症になり、心身ともに疲弊した。そうした危機的な状況のなかで、彼は、ネガティブなことばかり考えることから、親切にしてくれたよきひとびとのことや楽しかったことを思い出す方向に切り替えた。自分を苦しめたひとびとの苦しみも想像し、そのひと達を赦す気持ちも生まれたのである。第3点は、赦しが多くの宗教の中心的なメッセージだということである。そのいくつかが引用されている。「《あらゆる悪意につながるすべての恨み、憤怒、怒り、喧嘩、そして中傷を捨てなさい。キリストの神様があなたを赦したように、皆に優しく、思いやりを持ち、お互い赦しあいなさい》(聖書エピソへの手紙4：31—32)」(296頁)、「《敵を赦し和解する者は、神からほうびを受け取るだろう》(コーラン第3章172節)」(同頁)、「《違反者から赦しを求められたら、心からそして快く赦すべきである……赦しはイスラエルの根源にとって自然である》（ミシュネー・トーラー2：10）」（同頁）「《豪華さ、赦し、堅忍、清潔、悪意と高慢の欠如。これらは、神の美徳にさずかった者の性質である》（バガヴァット・ギーター）」（同頁）。復讐ではなく赦しを強調した仏教徒のダライ・ラマのことにも言及されている（同頁参照）。

セバレンジは、おしまいの方でこう述べている。「何年もの間、自身の中でどのようにして赦しが育つか学んできた。赦しを花に喩えると、水をやれば成長する。例えば、私が前向き思考、思いやりがあるスピーチ、礼儀正しさ、共感、そして熟考を実行することにより、育つことができる。そのように行えば、赦しはもはや犠牲や挑戦ではなくなり、人生の一部となる。長い道のりの旅。私の旅はまだその途中で、これからもずっと続く」（301頁）。

タジョのルワンダへの旅がずっと続くように、セバレンジの旅にも終わりはない。いまもどこかの場所で憎しみが暴力の連鎖を生み、ジェノサイドも起きている。彼らの旅に同伴するひとには、人間の憎しみがもたらす出来事の細部への深い反省と、赦しの可能性をさぐる強靭な思考が求められているのだ。

September　９月—２

虫たちの生と死

——いのちが繰り広げる世界——

あなたは部屋でゴキブリを見つけたらどうするだろうか。金切り声をあげる、手近にあるものをひっつかんで、叩きつぶそうとやっきになる、というのが大方の反応ではないだろうか。蚊の羽音を耳元で聞こうものなら、手当たり次第に打ちまくる、あたり一面に殺虫剤を撒きちらす。毛虫やクモ、ムカデなども嫌われ者の代表格だ。足で踏みつぶしても、良心の呵責にとらわれることなどない。小さな虫たちは、しばしば人間たちの粗暴なふるまいによって一度限りのいのちを失う。

しかし、虫たちとの出会いを大切に記憶に残すひともいる。羽化したばかりの蝶が、濡れた羽が乾くまでじっと待ったあと、二枚の羽をゆっくりと広げて空に舞う姿に感動した経験を語るひとがいる。尺取虫のリズミカルな動きに時間を忘れて見とれるひともいる。虫を好むひとたちにとって、目の前の虫はつかの間のいまを共に生きる、ありがたい一期一会の存在として受けとめられるのだ。

奥本大三郎の『虫の文学誌』（小学館、２０１９年）は、虫好きのひとにはこたえられない一冊だ。装丁もすばらしい。本書は、古今東西の文学書における虫への言及箇所を幅広く収集し、コメントをつけたものである。巻末に虫に言及した100あまりの作品がリストアップされている。やわらかい文体で書かれ、ユーモラスな表現にも富み、読み出すととまらない。「人間大学」というNHKの教育テレビ番組のテキストが元になっている。奥本は、『完訳　ファーブル昆虫記』（全10巻）の翻訳者である。

　奥本は、物心ついた頃から虫が好きだったそうである。本も大好きで、文学をやるか、昆虫学をやるかで迷ったが、寝転んで本を読んでいても務まるフランス文学を選んだという。大学生の頃には、荒川重理『趣味の昆蟲界』、金井紫雲『蟲と藝術』などの本を見つけて寝床で読みふけり、そうした生活が本書の基礎になっている（3〜4頁参照）。

　本書は13章から成る。タイトルだけを順番に見てみよう。「むしめづる人々——宇宙の豪奢を覗き見る小さな窓」、「『百蟲譜』——虫の日本文学・文化総説」、「トンボ——日本の勝虫、西洋の悪魔」、「ハエとカ——文武文武と夜も眠れず」、「スカラベ・サクレ——太陽神の化身」、「ホタル——鳴かぬ蛍が身を焦がす」、「ハンミョウとツチハンミョウ——毒殺の虫」、「マツムシ・スズムシ・コオロギ——暗きところは虫の声」、「飛蝗《ひこう》——数も知られぬ群蝗」、「ハチとアリ——働き者の社会」、「ノミ・シラミ・ナンキンムシ——馬の尿する枕元」、「チョウとガ——てふの出て舞う朧月」、「セミ——やがて死ぬけしきは見えず」。

　「むしめづる人々」（第1章）のなかに、「虫と蟲」という小エッセーがある。「蟲《むし》」の一字ですべての生物が表わされてきた歴史があるという。すなわち、羽蟲、毛蟲、甲蟲、鱗蟲、裸蟲という分類である。裸蟲のなかで一番偉いのが人間と見なされたが、ミミズなども裸蟲に属しているので、人間とミミズは同類になるという。偉そうにしている人間も、衣服を剥ぎ取れば、ミミズと同じ裸蟲に他ならない。蟲と人間を同列に置き、人間中心主義のおごりをやんわりとたしなめている。

この章では、寺田寅彦（1878〜1935）や、ヘルマン・ヘッセ（1877〜1962）、エルンスト・ユンガー（1895〜1998）といった虫の魅力にとりつかれた作家たちの「昆虫採集記」の一部を読むことができる。ヘッセの『蝶』（岡田朝雄訳、朝日出版社）のなかから蝶をめでる文章が引用されている。「美しい蝶に出会い（中略）その蝶が日のあたった花にとまって、色あざやかな羽を息づくように開いたり閉じたりしているのを見ると、捕えるよろこびに息も詰まりそうになり、そろりそろりとしのび寄って、輝く色彩の斑紋の一つ一つ、水晶のような翅脈《しみゃく》の一筋一筋、触角のこまかいとび色の毛の一本一本が見えてくると、それは何という興奮、何というよろこびだったろう」（40頁）。

第2章は、江戸中期の俳人、横井也有（1702〜1783）の書いた俳文「百蟲譜」の紹介である。俳文とは、「実用性がなく、俳諧味のある文章、つまり表向き役にも立たぬ、滑稽味のある、そして風情のある文章」（54頁）を指す。チョウ、トンボ、ハチ、セミ、ホタルイモムシ、カイコ、カゲロウ、ハエ、シミ、シラミについての愉快な描写に続き、カマキリへと移る。「蟷螂《とうろう》の痩たるも、斧を持たるほこりより、その心いかつなり。人のうへにも此たぐひはあるべし」（69頁）。奥本はこうコメントをつける。「カマキリというのは、恐ろしげな斧を持っているが、それよりもなによりも、その心構えがいかにも猛々しい。人間の中にもこんな人がいるものである」(同頁)。キリギリス、カについての俳諧味のある引用がこれに続く。いずれも、虫に寄り添った文章で、楽しく読める。

第3章は、日本と西欧におけるトンボ観の比較だ。ラフカディオ・ハーン(1850～1904)の見解が引き合いに出されている。ハーンは、日本の歌人と比べると、英国の詩人は虫を主題とすることが少ないが、その背景にはキリスト教の存在があると見なす。「初期教会の見解では、人類以外の生物の魂や亡霊、またいかなる類の知性も否定されていた」(104頁)。初期のキリスト教徒たちの多くは、動物には心や魂を認めようとせず、近世にいたると、デカルトは動物は機械にすぎないと断定した。彼らは、古代の民族に見られた「虫にまつわる奇妙で不吉な信仰」(105頁)や、ある種の虫を神聖視する傾向を根絶しようともした。こうしたキリスト教的な人間優位の見方が、人間以外の動物軽視につながったというのがハーンの見方である(104～106頁参照)。

第4章には、ハエとカに対する人間たちのさまざまな態度が示された文章が集められている。清少納言は、『枕草子』のなかで、「蠅こそにくき物のうちに入れつべく、愛嬌なきものはあれ」と述べて、ハエを嫌悪した(110頁参照)。宋の欧陽修(1007～1072)は、「蒼蠅を憎むの賦」で、小人物に重ねて、ハエの害をつづった(112～113頁参照)。ハエを敵視するひととは対極の立場でハエを詠ったのがウィリアム・ブレイク(1757～1827)である。

「蝿」という詩（松島正一編『対訳　ブレイク詩集――イギリス詩人選（4）』、岩波文庫収集）を引用してみよう。

小さな蝿よ、
おまえの夏の遊びを
私の思想のない手が
叩きつぶした。

私もおまえのような
蝿ではないのか。
それともおまえは
私のような人間ではないのか。

なぜなら私は踊って
飲んでそして歌う、
ある盲目の手が
私の翅を叩きおとすまで。

思想が生命であり

力で呼吸であるならば、
思想の欠如が
死であるならば、

その時、私は
幸福な蠅である、
私が生きていようと、
死んでいようと。（117～118頁）

蠅と「私」を、共に死んでいく同列の生き物として見る詩だ。蠅がある日、ひとの手によって叩きつぶされるように、「私」も盲目の手によって叩きおとされる。蠅と「私」の交流が詠われている。訳文の固さのせいもあって、全体的に厳粛な響きが感じられる詩だ。

この章には、人間の間抜けさや滑稽さを描写した川柳も紹介してある。「蠅は逃げたのに静かに手を開き」、「蠅の生捕り捨て所に困ってい」、「蠅たたきこれさいわいと嫁の尻」（119頁）。色っぽいハエの話や、狂歌、狂言のなかで出てくるハエの話しも含まれる。カのユーモラスさや、恐ろしさ、不気味さを詠った川柳や詩も紹介されている。

第5章以下も、興味深い引用をちりばめる奥本の文章がさえている。どこから読み始めて、どこでページを閉じても余韻が残る。

同じ著者による『虫から始まる文明論』（集英社、２０１５年）もおすすめの一冊だ。コンピューターリテラシーだけでなく、「自然を細かく見る眼」（212頁）を養ってほしいという願いから書かれた味わい深い本である。


稲垣栄洋の『生き物の死にざま』（草思社、２０１９年）は、29種類の生き物がどのようにして死んでいくのかを描いた本である。大半は、子孫を残したあと、あらかじめプログラム化された死に向かう生き物たちの姿を描写したものだが、人間の経済的な行為に組みこまれ、強制的な死を強いられる生き物の最後を描いたものも含まれる。死の場面に関しては、大半は淡々とした記述が続くが、ところどころに、著者の詠嘆が挟みこまれている。

「2　子に身を捧ぐ生涯」は、ハサミムシの「死の儀式」の描写だ。ハサミムシは、孵化したばかりの幼虫を養うために、自分の腹のやわらかい部分を差し出す。子どもたちは母親の体を貪り食って成長し、母親は少しずつ体を失って、果てていく。「子どもたちが母親を食べ尽くした頃、季節は春を迎える。そして、立派に成長した子どもたちは石の下から這い出て、それぞれの道へと進んでいくのである。／石の下には母親の亡骸を残して」（22頁）。とうもろこしの根に栄養を与えるために土のなかに身を横たえて死んでいく老人を描いた閻連科の『年月日』（谷川毅訳、白水社）と言う小説が連想される。

「5　三億年命をつないできたつわもの」は、成虫後、数時間しか生きられず、はかないものと見なされるカゲロウの話だ。カゲロウは、成虫になる前の数年間、川のなかに棲み、夏から秋にかけて羽化し、亜成虫の段階をへて、成虫になるという。「とはいえ、ゆらゆらと飛ぶことしかできないカゲロウには、天敵から逃げる力もなければ、身を守る術もない」(49頁)。それゆえ大きな群れをつくって空を舞う。群れになったばっかりに、コウモリやトリといった天敵に狙われて食われていくが、そのなかでオスとメスは交尾する。その後、オスの命は静かに消えていく。運よく生き残ったメスも、水中に卵を落としたあと、死んでいく。子孫を残すために生きて、あっという間に死んでいくカゲロウに、著者がことばをもらす。「何というはかない生き物だろう。何というはかない命だろう」(52頁)。

「6　メスに食われながらも交尾をやめないオス」は、動いているものは仲間のオスであろうと食べてしまう習性のあるカマキリの交尾談である。交尾をめざして近づいてきたオスのなかで、メスにつかまって食べられてしまうのは1～3割程度らしい(56頁参照)。運悪くメスにつかまっても、オスは交尾をやめない。「交尾をしている最中でも、食欲旺盛なメスは、捕えたオスの体を貪り始める。しかし、オスの行動は驚愕である。あろうことか、メスに頭をかじられながらも、オスの下半身は休むことなく交尾し続けるのである」(56頁)。

「7　交尾に明け暮れ、死す」は、ネズミによく似たアンテキヌスの忙しい生涯を語る。生後10カ月で成熟し、生殖能力を得たアンテキテヌスの最後の2週間程度が繁殖期になる、この間にオスは、相手を選ばないメスと次から次へと交尾を繰り返す。オスは、頻繁な交尾のせいで、ホルモンのバランスがくずれ、毛が抜け落ち、目が見えなくなり、体がボロボロになっても交尾を続け、やがて精根尽きはてて命を落とす。出産し、子どもを育てるメスは生き残る。著者はおしまいをこう締めくくる。「『何のために生きているのか』と思い悩んでいる私たち人間に、アンテキヌスは『次の世代のために生きる』という生きることのシンプルな意味を教えてくれている、そんな気がしてならない」（64頁）。

「25　出荷までの四、五〇日間」は、プログラム化された死を迎える多くの生き物と違い、人間に飼育され、人間の都合で命を落とすニワトリの話だ。「生きたまま首を切られて死ぬ」（180頁）のだ。窓のない真っ暗な鶏舎に入れられ、動き回れないニワトリのヒナは、栄養価の高い餌を与えられ続けて太ることしか期待されない。やがて、生きたままカゴにぎゅう詰めにされ、食鳥処理場へ送られる。今は全自動化された工場で、機械的に肉の塊が生産されていく。「生きたまま首を切るのはかわいそうと、最近では電気の流れる水槽に逆さ吊りのまま頭をつけられて、気絶させてから首を切るという方法が推奨されている」（184頁）。食卓に並ぶチキンの背後で、「今日も、多くのニワトリたちが命を奪われているのである」（185頁）。ニワトリの孵化工場で生と死に分別され、ベルトコンベアで運ばれ、歯車で砕かれて死んでいくひよこを、その身になって表現した、作家クッツェーによる「ガラス張りの食肉処理場」(くぼたのぞみ訳『モラルの話』人文書院所収)という小説が思い浮かぶ。

「26　実験室で閉じる生涯」は、マウス(実験用に飼育されるハツカネズミ)の生涯がテーマだ。『旧約聖書』には、「すべての生物を支配せよ」と神が人間に告げたと記されている。デカルトは、動物は心をもたない単なる機械にすぎないと見なし、カントは、自意識をもたない動物は人間のために存在すると述べた。こうした見方に力を得て、生きたままの動物実験がおこなわれるようになったという(186〜187頁参照)。「ハツカネズミは一年のうちに五〜一〇回程度も妊娠を繰り返して、一回に五、六匹の子供を産む。そして、生まれた子どもは数カ月で成熟し、妊娠する」(187頁)。そのため実験動物に適しているのだ。実験室のマウスは、薬物を投与されたり、電気ショックを与えられたりする。安全性を確認するためのテストで、安全か分からないものが投与されたマウスは、副作用や毒の作用でもだえ苦しむ。危険性を確認するためのテストでは、死ぬまで薬が投与されたマウスが苦しみながら死んでいく。「死ぬことが彼らの仕事なのである」(189頁)。

「29　死を悼む動物なのか」は、ゾウと死の問題を扱う最終章である。「ゾウは本当に『死』を理解しているのだろうか」(206頁)と問うても、答えは出ないが、翻って私たちは死を理解しているのだろうか。それも分からないと著者は言う。「もしかしたら、ゾウたちの方が、死ぬことについては、私たち人間よりも知っているのかもしれない。生きていることの意味も、より知っているのかもしれない。そして、私たちよりも深く死を悼んでいるかもしれないのである」(207頁)。せまい人間中心主義を離れ、生き物に身を寄せて考える著者の謙虚なことばが響いてくる。

与えられたいのちを生きて、いのちを次の世代に伝え、定めの時期がくれば静かに消えていく生き物の死はおごそかで、思わず襟を正す。人間の死や臨終の場面を描いた本の多さに比べれば、生き物の死を扱う本は少ない。本書は、生き物の死だけでなく、ひとの死、さらに死ぬことがどういうことかについても考えることを促してくる貴重な一冊である。

人間へのまなざし

――窪美澄・村田沙耶香・犬養道子――

窪

美澄の『さよなら、ニルヴァーナ』（文春文庫、2018年）は、神戸で起きた少年による児童連続殺傷事件を題材にした入魂の一作である。なぜ少年は少女を残忍な仕方で殺害したのか、そこにいたるまでになにが起きたのか。その理由を探るために、窪は東北や関西で大災害に見舞われた時代背景とのかかわりをさぐり、さらに、想像上の人物を何人も動かして、犯罪の核心に迫ろうとしている。動物や人間に対する残酷なまでの暴力の場面が描かれているので、途中で気分が悪くなったり、不愉快になったりして、本を閉じる読者もいるだろう。最後まで読み終えた読者にも、長く残る重苦しい感情と向き合う覚悟が必要だ。

6人の作家による『きみに贈る本』（中央公論新社、2016年）のなかで、窪は自書についてこう語っている。「思わず目を背けようとしてしまうものからどうしても目を離すことができない。小説家にはそんな因果もあるのだろうと思います」（108頁）。「読み進めるのが辛くなるかもしれませんが、ぜひ一度お読みいただければうれしいです」（109頁）。新聞やネットには、日々、事件や犯罪の記事が掲載されるが、その多くは断片的な情報にとどまる。情報の送り手は、ひとりの犯罪者の心理や行動を深く掘り下げることよりも、次から次へと起こる出来事の表層を手っとり早くまとめて記事にすることに忙しい。それに対して、作家は、ひとつの事件について丹念に情報を集め、思考力や想像力を駆使して、その核心に迫ろうと努力する。『冷血』を書いたカポーティがこの分野の先駆者と言えるだろう。カポーティは、一家4人を惨殺した犯人に直接インタビューし、複数の関係者にも取材し、長い年月をかけてノンフィクション・ノヴェルというジャンルを完成させた。窪が採用するのも同じ手法である。窪は、「A」と呼ばれた少年に関する関連書籍を読みこみ、現地調査などを通じて、小説という形式を借りてその内面に迫ろうとしている。

この小説のキーワードは、「中身」だ。「V　ボーイミーツガール」のなかで、作家志望の「私」は、人間の「中身」が見たかったと述べた少年のことばから、こう推測する。「人には見られたくない感情、欲望、妄想。世間の人たちから、ひたすら隠しておきたいそんな『中身』。Aもそれを見たかったし、少女を殺すことで人に見せたい、と思ったんじゃないだろうか」(208頁)。「ずっと続く住宅地、そこで暮らす人間のなかにも、表面の薄皮をぺろりと剥けば、顔を背けたくなるような感情が渦巻いている。そこを見ずに一生を過ごす人もいるだろう。でも、そこを見ずにはいられない、という人間が確かにこの世にはいるのだ。私とAのように」(同頁)。「私も中身が見たいのだ。人がひた隠しにして、心の奥底に沈めてしまうもの。そこに確かにあるのに見て見ぬふりをしてしまうもの。顔は笑っていても心の中で渦巻いている、言葉にはできない思いや感情。皮一枚剥がせば、その下で、どくどくと脈打っている何か、それを見てみたい。／そういう意味では、私とAは同志なのだ」(403頁)。ひとの心に潜む禍悪やまがまがしいものを見すえた作家は少なくない。「私」もそのなかのひとりとして、目をそむけたくなるものを徹底的に凝視しようと決意している。

「X　終曲」のおしまいで、少年の軌跡をたどってきた「私」はこうしるす。「物書きの自分が見た地獄など、地獄の入口ですらない。体に張りついたワンピースの裾をしぼりながら思った。ならば、もっと地獄に行こう。もっと深くて、もっと暗い、地獄に下りていこう。人の、世の中の、中身を見て、私は自分の生を全うするのだ。それが、私に課せられた運命ならば、仕方がない」(442〜443頁)。「私はこれから、迷って、悩み、苦しみ、悶えて、書いて、書いて、書いて、書いて、そして死ぬのだ」(443頁)。「さよなら、ニルヴァーナ」というおしまいの一文には、涅槃を拒否して、苦悩の道を突き進むのだという「私」の覚悟が暗示されている。

村田沙耶香の『殺人出産』(講談社文庫、2016年)は、「10人産んだら一人殺してもいい」(14頁)というシステムが導入された日本が舞台の小説だ。このシステムは、殺意を抱く圧倒的な人間の数を想定している。10人子供を産んだ報償として一人の殺人が法的に認められるのだから、誰かを殺したいひとは、せっせと子作りに励まなければならない。登場人物は、「産み人」の生んだ子どもを預かるセンターから引きとられた環と、人工授精で生まれた育子の姉妹、従妹のミサキ、育子の会社の同僚の早季子などである。

育子は幼稚園のころに、小学3年生の姉の環の殺人衝動に気づく。環は育子にこう語る。「『あのね、お姉ちゃんの中には、何かとっても悪いものが棲んでいるの。血が見たくて見たくて、仕方がないの。だから自分の血で我慢しているのよ。本当は、自分ではない、だれかほかの人の血が見たいの。お姉ちゃんはね、人を殺したくてしょうがないのよ』」(41頁)。しばしば、自分の手首を切って流れる血を見ていた環は、その後、育子が瓶に入れてきた蟻やダンゴ虫、カマキリ、蜘蛛、ミミズなどを指で押しつぶして殺すようになる。「姉にとって、殺すことは祈りだった。生きるための祈りだった。姉が生きたいと願うたびに、その白い手の中で小さな命が壊れた。そのことが、姉をかろうじて正気に保っていた」(43頁)。

殺人出産システムを強く支持するミサキは、「産み人」が増えれば人口減少を止められると信じている。ミサキは、どうすれば「産み人」が増えるかを自由研究のテーマにする。ミサキは、『殺意と殺人　『産み人』ができるまで』という本を読んで、「『ほとんどの人間が、生きているうちに一度は誰かに殺意を抱く』」(59頁) ことを知る。

17歳の育子は、環が「産み人」になって3年ほど経った頃に、高校の教師から受けたセクハラやしつこいいやがらせに苦しみ、自殺を決行しようとした。しかし、その刹那に「死にたくない」という強い気持ちが現われ、そのためには、「殺せばいいんだ」(64頁) と発想し、「教師を殺すことを考えるようになった」(同頁参照)。「闇の中で、一本の道が殺意という光によって照らされた。壊れかけていた私の命が、殺意によって、辛うじて未来へと進み始めた」(同頁)。

殺人出産システムに納得しない早季子が、環に会う機会がやってくる。早季子がこう語る。「『私は貴方を救うために来たんです。『産み人』として20年も、この世界の犠牲になってきて、お辛かったことと思います』」(82頁)。早季子は、環の生の声を世間に伝え、世界を正しい方向に導こうとしている。これに対する環の返答がこの小説のクライマックスのひとつである。「『私たちの世代がまだ子供のころ、私たちは間違った世界の中で暮らしていましたよね。殺人は悪とされていた。殺意を持つことすら、狂気のように、ヒステリックに扱われていた。昔の私は、自分のことを責めてばかりいました。何度命を絶とうとしたかもしれません。でも世界が正しくなって、私は『産み人』になり、私の殺意は世界に命を産みだす養分になった。そのことを本当に幸福に思っています』」(84頁)。早季子は、出産に耐え切れずに死んでいく「産み人」がいれば、「産み人」によって一方的「死に人」に追いやられて死んでいくひともいる世界の残酷さを訴える(同頁参照)。環はこう答える。「『突然殺人が起きるという意味では、世界は昔から変っていませんよ。より合理的になっただけです。世界はいつも残酷です。残酷さの形が変ったというだけです。私にとっては優しい世界になった。誰かにとっては残酷な世界になった。それだけです』」(84〜85頁)。

環から、電話で10人目の子供を出産したとの知らせを受けとった育子は、『誰を殺すことにしたの？』」(95頁) と尋ねる。環は、早季子の名をあげ、かわいそうなひとだから、楽にさせてあげたいのだと告げる (96頁参照)。「死に人」に指定された早季子は、激怒して育子と言い争う。育子が環に自分の殺害を依頼したと誤解したのだ。育子は言う。「『姉はね、誰でもいいの。無差別殺人者なのよ。たまたま、印象的だったあなたを選んだだけよ』」(104頁)。「『まさか……』」、「『本当よ。殺人衝動が抑えられないの。小さい頃からよ。それで『産み人』になったの』」(104頁)。

逃亡を企てたものの、係官に逮捕されて睡眠状態に置かれた早季子の殺人儀式を始める前に、環は育子にこう語る。「私の殺意も平凡よ。そもそも、殺意というものは、誰の人生にも宿るごく一般的な蜃気楼みたいなものなのよ。水に飢えた人がオアシスの幻を見るように、生に固執する人間は殺人という夢を見る。それだけよ」(112頁)。早季子のお腹に宿っていた胎児も命を失った。早季子と胎児の殺害を見届けた育子の心境と行動がこう表現されている。「たとえ100年後、この光景が狂気と見なされるとしても、私はこの一瞬の正常な世界の一部になりたい。私は右手の上で転がる胎児を見つめながら、自分の下腹を撫でていた」(118頁)。

親族や600万人以上の同胞が殺されたユダヤ系フランス人の哲学者レヴィナスは、他人とは、私に殺害の誘惑を掻きたてる存在だと述べた。殺人が犯罪と見なされる社会であっても、殺人衝動にかられるひとはけっしてなくならない。この小説が寓意的に示すように、道徳や倫理、法律、善悪の基準などは、時代の要請によっていくらでも変化しうる。だが、他者を抹殺することへの誘惑はつねに変わることなく存在する。これこそが人間を人間たらしめているのだとすれば、人間とは絶望的なまでの深い闇にほかならない。ただ希望と救いも人間の特権である。最後に犬養道子の本を紹介しておこう。

犬養道子の『幸福のリアリズム』（中公文庫、1984年）は、1977年から79年にかけてパリで執筆された文章をまとめたものである。犬養は、津田塾大学の前身である津田英学塾中途退学したのちに、戦後第一期の奨学金留学生のひとりとして渡米した。しかし、肺結核にかかり、大学を辞めざるをえなかった。渡仏後に「聖書学」を学んだカトリック大学では、「栄養不良（！）病」（99頁）のため勉学を継続できなかった。10年間の留学は「病学」に終わり、希望していた教師にはなれなかった。しかし、闘病のせいで希望のコースをはずれた犬養は、ヨーロッパでたくましく生き抜いて、難民保護活動や執筆活動に大車輪の活躍を見せた。

犬養は、カトリック信者として、常に神を信じながら、他方で人間の裸の姿を凝視した。「心の殺人も舌による中傷も、羨望や憎悪や怒りの眼差も、他人のものをわがものにしてしまいたい利我の欲も、偽りも、意地わるも、怠惰も、義務をいいかげんにすることも、すべては精神に深傷を負い、ガンにもたとえられるべき大病にかかることを意味する」（223頁）。神ならぬ人間は、「欠陥欠如（罪）」（230頁）の存在である。犬養によれば、真の宗教は、人間の存在をありのままに、深く見つめるものである。人間のすばらしさも認めるが、同時に、人間の内なる根強い「罪への傾向」をはっきりと見つめる（230頁参照）。人間には、イヤな相手を呪ったり、他人をまっくろな底なしの憎悪のマトにしたり、他人に対して、殺してやりたいというひそかなどすぐろい願いを抱く傾向がひそんでいる（43頁参照）。村田沙耶香の描く環や育子のように、あるいはレヴィナスが言うように、生涯のいずれかの時期に殺人の衝動にかられないひとはいないだろう。それをかろうじて抑制できるひともいるだろうが、罪は雑草のように次から次へと出てくる（226頁参照）。自力に依存する限り、罪から逃れるすべはない。それではどうしたらよいのか。犬養はこう考える。宗教的な存在としての人間は、「『外からの』『より大いなる他者（真理とか善とか）からの』救いを待ち、その救いと出会うのを待つ存在なのだ」（230～231頁）。「不完全で、欠如を内に抱く存在はただ、完全で欠如を内に抱かぬ存在によってのみ、満たされ救われる」（231頁）。神は不滅の、偉大な精神的存在であり、「そのような精神存在を仰ぎ見て、そこから、より真なる、より善なる光を、わが精神の内深くに受けたいと望む、それをこそ祈りと呼ぶ」（同頁）。

カトリック信者としての犬養は、「神に向かって祈る存在としての人間」にもっとも力点を置いている。他方で、彼女は、「自分との関係を保ち、自分で自分を成長させる存在としての人間」にも注目している。彼女によれば、ひとは、俳句や、ピアノ、ゴルフ、水泳、スキーなどを習うときは、最初は不安でも懸命に努力するが、心という人生の幸福の鍵となるものの訓練についてはほとんど投げやりである。「心の訓練」なぞ不要と見なして、無視するのである（122頁参照）。心こそが「『日々、成って行く存在』『育って行く存在』（同頁、傍点著者）としての人間を人間たらしめる中核であるから、なによりもまず「心を育てて訓練してやること」（同頁）が大切ではないかと、犬養は言う。そのためには、自分の心の底に下りていく覚悟が欠かせない。そして、そこにひそむ邪悪なものやまがまがしいもの、殺人の衝動や虐待への嗜好などを直視し、それらをコントロールするための配慮が不可欠である。自力での努力に限界があるにしても、それを放棄してはならない。

犬養によれば、「訓練」とは特にむずかしいことではない。それは、「卑近なこと、卑近中の卑近に、新しい眼を向けて、よく見ること」（125頁傍点著者）である。一例として自分の身体があげられている。「手から腕。そして内臓。人体の中に含まれるありとあらゆる化学的なもの、たとえば酸素や炭酸ガスや。有機体自立自動体としてのわがからだ、その驚異！」（125頁）。彼女は『聖書』の「詩篇」（百三十九）から引用している。「奇しきかな、われ／すばらしきかな、われ／創造の傑作、われ」（125〜126頁）。

人間における奇跡はそれだけではない。われわれは現在を越えて、現にいない場所を思い描くこともできるし、自分の過去に限定されない過去を追体験することもできる。身の回りにあたりまえにあるもの、たとえば電気や水道、ガス、鍋、紙などには、人知の歴史が凝縮されている。一粒の米には、何百人もの汗が隠されている。塩にも道にも自然と人力の長いつき合いの歴史がひそんでいる。床のゴミにもまた歴史がある。ありとあるものがあるということ、それは実に奇跡的なことなのだ（126〜130頁参照）。

われわれのなかに潜在する、自分や他人をなきものにしたいという殺害衝動が抑えられなければ、日常生活に残酷な亀裂が生じる。他方で、自分や他人が生きてあること、生かされてあること、事物や自然がそこにあることに驚き、それぞれの奇跡的なつながりに心が開かれていけば、共存という喜びの世界が生まれてくる。犬養は、目に見える具体的な世界と、直接には見えない想像世界との交流を生きると同時に、神という目には見えない無限の存在との信仰的な出会いを生き続けた。彼女は、宗教者として、罪—悪—苦の関連と、救い—善—幸福の関連について瞑想することを止めなかった（253頁参照）。

今回とりあげた3人の作家にとって、「人間とはいったいどういう存在なのか」という問いは根本的である。他人の心の闇をのぞこうとするひともいれば、他人の体の内部を見たいと欲望するひともいる。利己心と利他心のはざまで苦しむひともいれば、おのれの罪の深さにおののいて、神に身をゆだねるひともいる。人間は怪物だと述べたのはパスカルである。美しいものに酔うことのできるのも人間である。3人の作品は、人間という永遠の謎を解くための無尽蔵の宝庫である。

October　10月—2

ことばによって生きのびる

——戦争に翻弄された実存——

ローゼ・アウスレンダーの『雨の言葉　ローゼ・アウスレンダー詩集』（加藤丈雄訳、思潮社、2007年）は、第2次世界大戦中の戦争と暴力の嵐をかろうじて生きのびた女性が残した膨大な数の詩の一部を本にしたものである。記憶からけっして消えない過去との対話と内省の記録である。

ローゼ・アウスレンダー（1901～1988）は、ユダヤ系のドイツ詩人である。彼女は、当時オーストリア領（現ウクライナ）の一地方の首都、チェルノヴィッツに生まれた。この地域では、ドイツ人、ウクライナ人、ルーマニア人、ユダヤ人などが共存して平和な生活を享受していた。1939年にポーランドに侵攻したドイツ軍は、2年後にはこの地域を占領した。ドイツ系ユダヤ人は敵視され、弾圧され、排除の標的とされた。ゲットーが作られ、ユダヤ人の強制収容者への移送が始まり、毒ガスによる虐殺が繰り返された。チェルノヴィッツに住んでいた約6万人のユダヤ人のなかで、戦後の生存者は5000人にすぎなかった。アウスレンダーは、母とともに地下室や防空壕に隠れて逃走しながら、詩を書き続け、過酷な出来事の細部を記録しようとした。フランスでは、『フランス組曲』（白水社）の作者のユダヤ人女性、イレーネ・ネミロフスキーが、パリに侵攻したドイツ軍から逃げる途上で、現に目の前で起きていることを書きとめていた。彼女は、逮捕され強制収容所に送られ、そこから生きて戻ることはなかった。

１９４６年、アウスレンダーは友人たちの尽力でアメリカに単身で移住し、そこで母の死を知る。その後、１９５９年まで『母なる言葉であり、殺人者の言葉』」（13頁）であるドイツ語を使わず、英語の詩を発表し続けた。１９６４年にウイーンに移住するが、反ユダヤ主義の風潮を恐れ、翌年に友人たちの住むドイツのデュッセルドルフに移った。１９７２年に同地のユダヤ人の老人ホームに入居し、１９８８年に死去した。彼女にとって、「詩を書くこと」は「呼吸すること、生きること」であり、同時に、「死者たちのために生きること」であった。詩作は老人ホームの病床で最期まで続けられた。失われた故郷、同胞のユダヤ人の強いられた死、ことば、生きのびた自己の存在、苦しみと老い、記憶、愛といった問題が、繰り返し詩の主題となった。いずれの詩も、われわれの魂に深い余韻を残す。

「伝記的メモ」という詩を引用してみよう。

私は語るのです
あの燃え上がった夜のことを
それを消したのは
プルート河

悲しみにしだれる柳のことを

血色欅の木
歌うことをやめた小夜啼鳥のことを

黄色い星のことを
その星の上で私たちは
刻一刻と死んでいった
あの死刑執行の時代に

薔薇について私は
語りはしない

彷徨い揺らぎ
ブランコにのって
ヨーロッパ　アメリカ　ヨーロッパと

私は住むのではない
私は生きるのです　(20～21頁)

戦争と、戦争によって殺されていった同胞のことを思い、過去と向き合いながら、生きて、書きとめる自分の「生きる」覚悟を伝える詩である。

アウスレンダーの「書き続けること」への覚悟は、「あたえてください」という詩に表明されている。ことばを通じて「時代の姿」を克明に現そうとする彼女の意志が鮮明だ。

私にあたえて！
まなざしを
私たちの時代の
姿を射抜く

私にあたえて！
言葉を
その姿を写し取る

言葉を
力強い

この大地の
息吹のような　（27～28頁）

アウスレンダーは、差別と憎しみ、暴力の連鎖に巻きこまれ、翻弄され続け、生きることに怯えながらも、死者たちの記憶に遡行することを止めなかった。「雨の言葉」は、自己の存在の悲劇的なあり方を鮮烈にうたう詩である。氾濫することばによって天空に導かれ、やがて血塗られた現実に下降するというイメージは、受動的な実存のありようをあらわにしている。

雨の言葉が
私に氾濫する

滴によって吸い上げられ
雲の中に押し上げられ
私は雨となって
開いた
真っ赤な
罌粟の口もとに降る（31頁）

ことばによって生きる自己の実存を鮮明に示すのが、「私は誰」というつぎの詩だ。

絶望に陥ると

私は詩を書く
うれしいと
詩が自ずとわく
この私の中に

私は誰
もし
詩を書かないのなら　(35頁)

「ことば」には、アウスレンダーの「ことばは私のいのちである」という強い思いが現われている。

私をこのままあなたの下僕としてください
生きている限り
呼吸するのはあなたの中で　そう私は思っています
私はあなたを求め　渇いています
一語一語　私はあなたを飲みほします

私の泉よ
あなたの怒りのきらめき
冬の言葉

リラのようにかすかに
あなたは私の中で花を咲かせる
春の言葉

私はあなたに付き従う
眠りの中にまで
あなたの夢のひとつひとつを綴りにかえる
私たちは分かり合っている　文字通りに
私たちは愛し合っている　お互いに　（55～56頁）

「わからない」には、目的も方向も定かでなく、理不尽なことが起こる人生の諸相を顧みて、「断定できることはなにもない」と諦観するアウスレンダーがいる。

なぜ今まで生きてきた

私にはわからない　そのわけは
まだこれからも私の呼吸は続く
いつそれがやむのか　そして
噴水の言葉は
窓の向こうの
ポプラをはきだす緑は
犬の鳴き声　そして日曜の鐘は
鶫の声　錯綜する騒音は
血で血を洗う兄弟の争いは
また　この歯の痛みは
ずきずきする頭の痛みは
ああ　捨て去られた魂は
なぜ　なんのために

私はわからない
それでいい
何も私はわからない　(116〜117頁)

『雨の言葉』の最後の詩は、「再び」である。

どうか再び
私を水にもどしてください
流れていきましょう　私は
流れとなって
海へ
そそいで　（134頁）

ことばによって生きのび、過去の記憶と悪戦苦闘してきた詩人の生との別れを告げることばが胸を打つ。

November　11月—1

古典の森を散策してみよう

——プルタルコスの観察眼——

モンテーニュが『エセー』を執筆する気になったのは、プルタルコスの影響によるところが大きいという。『エセー』の随所でプルタルコスが引き合いに出されている。「プルタルコスはどこを選んでもすばらしいが、とりわけ、人間の行動について判断しているところがみごとだ」（『エセー　5』宮下志朗訳、白水社、228頁）。フランスの思想家ルソーも、プルタルコスを絶賛してこう述べた。「私が今でも読んでいる数少ない書物のなかで、最も愛着があり、有益なのはプルタルコスである。幼少期に初めて読んで以来のことであり、人生最後に読むのもこの本だろう。読むたびに、何か発見がある唯一と言ってもいい著者である」（『孤独な散歩者の夢想』永田千奈訳、光文社、69頁）。シェイクスピアや、ナポレオン、フランシス・ベーコンなどもプルタルコスを好んで読んでいる。日本では、須賀敦子がプルタルコスに熱中した経験を語っている。「人生のある時期にとって記念碑的といえる本がだれにでも何冊かはあるものだけれど、母方の祖母のおみやげにもらった『プルターク英雄伝』は、私にとってはまさにそんな書物になった。ティーンエイジの入口で出会ったこの本が、どうして私をあれほど感動させたのかは、いまもってよくわからない。とにかく、寝食を忘れるといった激しさで、当然、宿題もともだちもそっちのけで、私はその本に傾倒してしまった」（『遠い朝の本たち』筑摩書房、189頁）。

プルタルコス（46〜120頃）は、古代ローマ帝政期に生きたギリシア人の哲学者であり、著述家である。伝記や哲学、自然科学などの分野で著作活動をおこなった。『英雄伝（対比列伝）』や『倫理論集』など、膨大な文章を残した。それらの多くは、人間観察の達人の手になる類まれな観察記録である。

『饒舌について　他五篇』（柳沼重剛訳、岩波文庫、1988年）は、『倫理論集』のなかから6篇を選んだものである。以下の6篇である。「いかに敵から利益を得るか」、「饒舌について」、「知りたがりについて」、「弱気について」、「人から憎まれずに自分をほめること」、「借金をしてはならぬこと」。

「饒舌について」は、おしゃべり好きな人間をからかったり、笑ったり、皮肉ったりして、読者を楽しませてくれる。おしゃべりの対極にある沈黙の効用も語られている。おしゃべり屋の言動観察に加えて、それをいかに治療するかについても的確に語られている。

たかだか2000年程度で人間性は変らない。古代人にも、現代人にもおしゃべり好きなひとは数限りなくいる。自分のおしゃべりな性格に無自覚なままつまらないことをしゃべり続けるひともいれば、知り合いをネタにして、延々と悪口を言い続けるひともいる。プルタルコスは冒頭でこう述べる。「おしゃべりな人間は決して人の言うことには耳をかさず、のべつしゃべってばかりいる」（32頁）。その種のタイプは、自分の言いたいことだけを言いつのり、相手の言うことは聞こうとしない。「彼らにあっては、耳に入ったことは心には通じずに舌に直結する。だから、普通の人間なら聞いた言葉は心に残るものだが、おしゃべりの人間の場合にはそれが全部漏ってしまう。こうなると心は空のバケツも同じで、中身は空だがやかましい音を立ててころげ廻る」(33頁)。はた迷惑で、空疎なおしゃべりはとどまることなく続く。アランは、おしゃべりのひとをこう茶化した。「これは無意識的な会話である。相手に言葉を取られないように、沈黙を満たす必要は、おしゃべりのなかに見られるもので、たえずせき立てられたこの気がかりから、おしゃべりは、何でもかまわず話し、しまいには疲れ切って、諦めて、相手の言うことを聞くようになる」(『定義集』神谷幹夫訳、岩波文庫、36頁)。

舌と歯の関係に関して、プルタルコスは独自の理論を展開する。自然は、「舌の前面に歯という柵を配置した」(36頁)。歯の役割は、「内なる理性が沈黙という輝く手綱を引き緊めているのに、舌がそれに従わず、おのれの分に留まろうとしない時に、それを血がにじむほど噛んで無節制を押さえこむ」(同頁)ことである。しゃべりたいという舌の欲望に理性に代わってブレーキをかけるのが歯だという理解である。とはいえ、おしゃべりのひとが歯をぐっと噛み締めて沈黙することは少ない。「口に戸を立てず締めず、さながら黒海の水が四六時中外に流れ出すように言葉をたれ流す人がいる」(36頁)。

酒が入ると大変だ。「素面の時は胸の中にあることが、酔うと舌の上に上ってくる」(37頁)。言わないでもいいことを口走ったり、不用意なことを口にするひとのせいで、場がギスギスしたり、白けたりする。「沈黙には深みというか神秘的なところがあり、酒には縁がないが、そこへいくと酩酊は饒舌である。酩酊は愚にして分別を欠き、それゆえに多弁となるからだ」（38頁）。

酔っぱらいが愚にもつかぬことを話し続けるのは酒の席ならではの風景である。一方、おしゃべり屋は場所を選ばない。「市場だろうが劇場だろうが柱廊だろうが、酔っていようが醒めていようが、昼だろうが夜だろうが、とにかくしゃべる」（38～39頁）。話すことに気を配るひとは、つねにあたらしい話題を提供して、聞き手をひきつけようとするが、「饒舌家連は、同じことを何べんでも繰り返してこっちの耳を磨りへらしてしまう」（40頁）。自慢話であれ、他人の悪口や噂話であれ、おしゃべりの時間稼ぎのために、相手を無視して、何度でも同じ話を蒸し返すのだ。

その種の人間に対する忠告として、プルタルコスはこう述べる。「言葉は本来大変楽しく、かつ最もよく人間味を伝えるものだのに、それを悪用し、また無造作に使う者がいて、そうなると言葉は人情に反し、かつ人を孤立させるものになってしまう」（41頁）。酒の飲み方次第で、場が愉快なものにも不愉快なものにもなるように、言葉の選び方次第で豊かで楽しい対話の時間が生まれることもあれば、おたがいに迷惑をかけたり、傷つけあったりすることもある。軽率な一言は、友好的な関係にひびを入れる。「口はわざわいのもと」である。一度発せられた言葉は消えずに残り、波紋を広げ続ける。『言葉』には

『翼がある』。翼があるものをいったん手から離してしまったら、それをもう一度手中におさめるのは容易ではない。言葉をいったん口から出してしまったら、それをつかまえて意のままに操ることなどできるものではない」(49頁)。

プルタルコスは、饒舌家には自戒が必要だと繰り返す。「饒舌家の舌はつねに燃えて打ち震い、秘密秘事の何がしかを自分の方へ引きつけ、集める。だから、舌には垣をめぐらさねばならず、理性を障害物のように舌の通り道に置いて、舌の流れと滑りを堰き止めなければならない」(59頁)。プルタルコスの観察によれば、おしゃべり屋は好かれたいと思って憎まれ、親切にしたいと思って迷惑をかけ、賞讃されると信じて嘲笑され、友を害して敵を利し、身を亡ぼす(61頁参照)。それを避けるには、ひとの話を聞き、慎み深さに対する賞賛を忘れず、沈黙のもつ荘重さ、神聖さ、神秘さを心得ているひとびとから学ぶことが大切であり、また、できるだけ簡潔に話をし、少ないことばに多くの意味をこめて語るひとのほうが賞讃され、愛されることを知っておく必要があるというのがプルタルコスのアドヴァイスである(61頁参照)。

とはいえ、なかなか忠告どおりにはいかない。そこで彼は、日ごろから習慣づけるべきことをいくつかあげている。そのひとつは、「自分の答え方について修行をつむこと」(67頁)である。世の中には、暇つぶしのために質問したり、おしゃべり屋に対して馬鹿なことをべらべらとしゃべらせようしたりする連中がいるので、相手の質問の意図をよく考えて答える習慣をもてという主張である。もうひとつは、自分より地位の高いひとや年長者と交際し、そういうひとびとの意見を尊重することによって、沈黙を保つ習慣を形成することである。

こういう習慣を身につけていけば、しゃべりたいという欲望が湧き出たときに、「『このようにしゃにむにこみ上げてくるのはいかなる言葉か、』『私の舌は何を言おうとしてうずうずしているのか、』『これを言えばどんな利益があり、言わねばどんな不都合があるか、』」（75頁）といった自制的な思考が作動し、無駄で空虚なおしゃべりにブレーキがかかるようになるという。

「知りたがりについて」は、他人のことには人一倍好奇心をもつくせに、自分には無関心なひとびとの言動を描いたものである。この小篇でも、知りたがり屋の言動診断と治療方法が語られている。「知りたがり」とは、「他人の不幸や欠点を知りたがる病気であり、妬みや悪意と無縁ではない」（79頁）ひとのことである。昔もいまも、他人の欠点やあら捜しに忙しく、他人の不幸をひそかに喜ぶひとは少なくない。カンボジアには、「自分の欠点は見えないが、他人の欠点はごく小さいものでも山と同じように見える」という諺がある。プルタルコスは、「悪口ばかり言いおって。なぜお前は／他人の悪い点には目を光らせ、自分のからは目をそらすのか」（同頁）という作者不明の喜劇断片を引用しながら、読者にはその逆の態度を求めている。すなわち、他人への好奇心を保留して、自分自身の内部に注意を払うことである（同頁参照）。「もし不幸や欠点の話をするのが好きならば、自分自身の中にその話の種は山ほどある」（同頁）。われわれは、おびただしい過ちをおかしながら生き、しなければならないことよりも、したいことをして悪事を重ねている存在である。それが現実であるならば、他人の言動を非難したり、笑ったりする代わりに、まず自分の欠点をあばき、自分のことを棚にあげて他人をあげつらう滑稽な態度を笑うべきである。しかし、それがむずかしい。プルタルコスによれば、われわれは自分のことについては大変に怠け者で、ほとんど何も知らず、知らなくても平気な顔をしているくせに、他人のことには熱心に詮索するのだ（81頁参照）。

プルタルコスは、知りたがり屋をこう診断する。「世の中には、自分の生活はさながら殺風景な景色のごとく見るに耐えない者とか、考察のおもむく線を自分自身の方へ、光線のように曲げることができない者もいて、そういう連中の心はありとあらゆる悪に満ち、だから彼らはそれらの内なる悪を恐れて胸が震え、そこで外へ飛び出して他人様のまわりをうろつき、おのれの悪意を養い肥らせる」（82頁）。知りたがり屋が食いつくのは、とりわけ他人の不幸や嘆きである。他人の不幸は密の味とばかり、嬉々としてしゃべりまくるのだ。

それは一種の病気だから、治療が必要だとプルタルコスは考える。一番必要なことは、自制心を養うための自己鍛錬である。そのための具体的なアドヴァイスは、散歩の途中に目にする落書きや墓碑銘などを読まないこと、他人の家のなかをのぞいたりしないこと、四方八方きょろきょろと目をやる癖を捨てること、ひとびとが罵り合っている場所には近づかないことなどきわめて具体的で、現代にもそのまま通用するのがおかしい（96〜99頁参照）。「他人事に首をつっこむ癖」（96頁）は、いまも昔も変わらない。

この小編はこう締めくくられる。「知りたがり屋はとくと考える必要があるのだ。自分たちが、この世で一番の憎まれ者嫌われ者と同類で、自分たちの振舞いがそういう連中がやっていることと同じだとは、何とも恥ずかしいことではないかと」（105頁）。相手の不愉快な振舞いが、実は自分が他人に対しておこなっていることと変わりないと気づけば、大いに恥じて、まず自分の言動を慎むようになる。プルタルコスが読者にもとめているのは、思慮深さと自制である。

「人から憎まれずに自分をほめること」は、人間の自己讃美の諸相に焦点をあてたものである。冒頭でこう述べられる。「他人に向かって自分のことを何様かのように、有能さをひけらかしてしゃべるのはいやらしいことで、紳士の道にはずれたことだと、誰もが口ではそう言うが、実際には、そう非難する人々ですら、その嫌味から抜け切っている者は多くはない」（138頁）。人間には「自慢病」というものがあって、口を開けば自分や家族のことをほめまくるひとがいるが、あまり気分のよいものではない。「自己讃美は自己愛に大きく衝き動かされて発するものであり、しかも、名誉の追求などに関してはきわめて控え目だと思われている人々ですら、明らかにそれに冒されていることしばしばである」（164頁）。自己愛の源泉から、「自分のことを語りたい」、「自分に注目してほしい」といった自分に執着する意識が流れ出し、自慢話につながるというのである。

プルタルコスは、自己讃美の例をいくつかあげている。第1の例は、「自分以外の人間が賞讃されると名誉欲が吹き出して、自分で自分をほめてそれと張りあうというもの」（165頁）である。第2の例は、自分の考えどおりにうまくことが運んだ場合に、「嬉しさのあまり自分でも気がつかずに鼻を高くして大きなことを言ってしまう」（同頁）というものである。いずれも、一種の病と見なされている。この病から逃れることはむずかしそうだ。とくに年を重ねるにつれて、症状は悪化するようだ。

しかし、プルタルコスは、自己讃美をすべて否定しているわけではない。政治に関わるひとびとの場合には、自分を語ることを認めている。彼らは、不当な非難をされれば、自己の正当性を主張して自己弁護をはかることが必要である（142頁参照）。政治家が他人について真実を語ろうとすれば、自分についての真実も言わなければならない場合もある（140頁参照）。彼はまた、聞き手を鼓舞したり、刺激したりするために、あえて自分を誉めることも場合によっては必要だと言う（158〜159頁参照）。「時によっては、相手を驚かし、あるいは抑制するために、また傲慢な者の鼻を折り、むやみにはやりたつ者を押さえるために、自分のことを誇らしく語ったり礼讃したりするのは悪いことではない」（159頁）。

プルタルコスは、こうした例を除いて、病としての自己讃美に対する警戒の仕方を示している。それは「精一杯分別を働かせる」（169頁）ことである。「他人が自己讃美をするさまによく注意して、それが誰にとっても何と不愉快で腹だたしいか、そして、人間の発する言葉の中で、これほど嫌味で耳障りなものはほかにない、ということを覚えておくことだ」（同頁）。有益な忠告である。彼はこの小編をつぎの助言で結んでいる。「自己讃美には必ず他人に対する非難が伴っているものだということ、（中略）聴く者の耳に残るのは、その自讃の言葉どおりの立派な人物像ではなくて苦痛だけだということ、などを思い起こして、自分や聞き手に大きな利益をもたらす見込みがない限り、自分の話をするのは差し控えることにしよう」（170頁）。

プルタルコスについては、同じ訳者によって岩波文庫から『愛をめぐる対話　他三篇』、『似て非なる友について　他三篇』、『食卓歓談集』が出版されている。『プルタルコス英雄伝』（上、中、下、村川堅太郎編）は、ちくま学芸文庫で読める。いずれも人間観察が見事な本である。

November　11月—2

自分とはなにか

——ルソーの探求——

大学のキャリアセンターでは、職員が就職をめざす学生に必ず「自己分析」をすすめる。「あなたがどういう性格の人間で、どんな仕事に就きたいのか、どんなふうに生きたいのか」、それがはっきりしないと方向が決まりませんよと、学生を諭す。職員のアドヴァイスをきっかけにして、「これまでなにをしてきたのか、熱心に取り組んだものはなにか、そもそもこの私ってなに？」という問いが生まれ、「自分探し」の旅が始まる。とはいえ、「自分はいったい何者なのか」という問いに簡単に答えが見つかるはずはない。この問いは、紀元前から現代にいたるまで、哲学や心理学、文学、社会学、宗教などの世界で繰り返し問われてきたものだ。図書館や書店のコーナーには、「自分、自己」についての本が並んでいる。日常生活では、だれもが「私、僕」とひんぱんに口にしている。しかし、「私、僕ってなに？」と改めて問うてみると、分からないことだらけでとまどってしまうひとが多いだろう。学生はそれぞれがこの問いをかかえて、将来の職業との関連で自分を見つめなければならない。

ルソーの『孤独な散歩者の夢想』（永田千奈訳、光文社、2012年）は、死の2年前に書き始められ、未完に終わった「自己探求」の記録である。自己意識、自己と他者、自己と社会、自己と自然に関してルソーの心に湧きあがる思いが書きとめられている。「自分を探求する」という試みがどういう性質のものであり、どのような射程をもつものかを知るには絶好の本である。

ルソー（1712〜1778）は、スイスのジュネーヴ出身。『学問芸術論』、『人間不平等起源論』、『政治経済論』、『新エロイーズ』、『エミール』、『告白』などの著者。人民主権を主張する『社会契約論』は、フランス革命を導くことになった。1794年、革命政府によって、ルソーの遺骸はパリのパンテオンに移され、ヴォルテールの隣に埋葬された。

『孤独な散歩者の夢想』は、「第1の散歩」から始まり、「第10の散歩」の途中で終わっている。この本の中核となるのは、理性を行使する集中的な思索ではなく、自分の内的な世界に浮上する思いを自由に遊ばせ、それを見つめることで可能になる夢想である。深く考えると疲れ、つらく、苦しくなると意識していたルソーが、気ままに物思いにふけりながら、それを楽しんで書きつづったものである。

「第1の散歩」は、恨み節から始まる。「この世にたったひとり、もう兄弟も、隣人も、友人も世間との付き合いもなく、天涯孤独の身。私ほど人付き合いが好きで、人間を愛する者はいないというのに、そんな私が、満場一致で皆から追放されたのだ」（9頁）。壮年期にひとびとから賞讃されたルソーは、『エミール』で述べたキリスト教とは対立する理神論が原因で、一転して犯罪者扱いされた。逮捕を恐れてスイスに逃亡したが、村民の迫害を受け、孤独な境遇に追いやられた。「皆から切り離され、すべての関係を断ち切られた」(同頁) ルソーは、自分に言い聞かせる。「今、唯一私にできることは、自分が何者なのかを探求することだけだ」(9〜10頁)。そのためには、自分がおかれた状況を把握しなければならないと、ルソーは自分が世間から閉め出されるにいたった経過を総括する。

世間からまったく孤立し、「まるでどこかよその惑星から落ちてきた異星人のような気分」(18頁) を味わうルソーは、以後は自分のことのみを考えて生きようと決意する。己の魂と語り合い、自分の内的な傾向について熟考し、心に浮かんでくることを書きとめることに専念しようとするのだ (19頁参照)。「こうして日々の思いを書き綴っていけば、この奇妙な状態のなかで私の精神的な糧となってきた感情や思考を認識し、それによって、自分の本性や、性質を新たに見出し続けることにもつながるだろう」(20頁)。ルソーは、日々、心身ともに変化し続ける存在としての「自分の心の変化、その変化の連続」(21頁) を理解しようと試みる。「私は、自然学者が日々の気象状況を記録し、調べるのと同じように自分自身のことを記録し、探究しようと思っている。自分の心にメーターをつけ、その動きを逐次『計測』する」(同頁)。「自己探求」とは、自分自身のために自分の心の動きや感情のゆれを丹念に記録することにほかならない。「モンテーニュは、他者に読ませるために『随想録』を書いたが、私は自分のためだけに夢想を書き記す」(22頁)。ルソーにとっての夢想は、物思いと同じ意味である。この本の特色は、ルソーが物思いにふけるだけでなく、その渦中で即座にそれを記録するという離れ業をやってのけている点にある。

「第2の散歩」の冒頭で、ルソーは自分の心の動きを記録する方法について述べている。それは、「孤独な散策を書き記すこと、散策中、頭を空っぽにし、何の抵抗もせず束縛も受けず、気質のままに思考しているうちに、ふと浮かんでくる夢想を忠実に書きとめること」(24頁)である。積極的になにかを思い浮かべるのではなく、受動的に思い浮かんでくることをすばやくつかんで文章にするのだ。それは、次から次へと際限なく浮かんでくるので、ルソーは、自分の内側に眠る資源が思いがけず豊かなものだと気づく(25頁参照)。

「第3の散歩」で、ルソーは幼少期から世間にもまれ、この世での幸せを諦め、別の世界に安らぎを求めるようになったと述べる。「こうした感情があったからこそ、私は常に自分という存在の本質、その行く末について知りたいと思うようになり、ほかの人よりも強い関心を抱き、熱心に探求するようになったのだ」(45頁)。

ルソーは、40歳の頃、知的な好奇心や名誉欲を満たすために学ぶ学者と違い、自分についての思想を血肉化するために本気で学ぶことを決意したと力説している(同頁参照)。「私は、今こそ一生に一度のチャンスであると信じ、自身の内面を厳しく見つめ直すことにした」(50頁)。「今こそ、全力を尽くして自分の哲学を求める時期だと私は思った」(53頁)。持続的な自己探求は、後年の『告白』となって結実した。

「第4の散歩」は嘘が主題である。ルソーは、デルフォイの神託にある「汝みずからを知れ」は、『告白』の執筆時に考えていたほど簡単ではないとするす(70頁参照)。真実から目を塞ぐために嘘をついたり、何度も作り話をしたりして、自分の裸の姿を直視してこなかったからだ。ルソーは、この章では、「真実を語る」、「語るべき真実を語らない」、「優しい嘘」、「罪のない嘘」、「創作」といった虚実に関するケースをあげながら、嘘によって偽装された自己の正体を見抜くことのむずかしさを指摘している。「自分自身について書くとき、自分でも意識しないうちに、そのつもりもないままに不都合な部分を隠してしまったことはときにあるかもしれない」（95頁）。無意識に自画自讃したり、虚栄心にかられてありもしない話を吹聴したりすることは避けられない。自分が自分に隠されていることは少なくない。だからこそ、「あなた自身を知りなさい」というメッセージは普遍なのである。

「第5の散歩」は、本書のなかでもっとも美しい夢想の記述である。かつてスイスのサン・ピエール島に2ヶ月間滞在したルソーが、島の自然を讃え、幸福の喜びをつづっている。「あの幸福感はいったい何だったのだろう、あの気持ちの良さは何から来ていたのだろう」（107頁）。それを示すすばらしい文章を引用してみよう。「皆がまだテーブルについているうちに、こっそりと席を離れ、ひとりボートに飛び乗る。水面が穏やかな日はそのまま湖の中央に漕ぎ出す。湖の真ん中まで来ると、ボートのなかに長々とあおむけに寝そべり、空を眺める。あとは何もしない。水の流れにまかせてゆっくりと漂う。ときには、数時間にわたりぼんやりと夢想に浸る。混沌とした、だが、心地よい夢想。特に明確な目的もない、とりとめもなく移ろう物思いだ。こうした夢想はいつの日も、私の好みからすると、世間が人生の楽しみと呼ぶ、どんな甘美な体験と比べても百倍は価値のあるものである」（110〜111頁）。「夕暮れが近づくと、高みから降り、湖畔に腰を下ろすのが好きだった。ひっそりとした隠れ家のような場所があり、砂の上に腰を下ろす。波音と水の動きが私の感覚をとらえ、私の魂から雑念を取り払う。こうして私は甘美な夢想に身を浸す。気がつかないうちに夜になっていることもしょっちゅうだった。寄せては返す波の音。いつまでも続き、ときに大きく聞こえてくる波の音。夢想が心のざわめきを消し、空っぽになった内面を満たすように、水の音と眺めが私の耳と目に休みなく流れ込んでくる。そうしていると、わざわざ頭を使って考えなくても、ただこうしているだけで存在することの喜びを感じることができるのだ」（113頁）。ルソーが語るのは、「日々の快楽にあるような不完全で脆弱な相対的な幸福」（116頁）ではなく、「充足した幸福、完璧な幸福、魂のなかに埋めるべき空白を残さない本当の幸福」（同頁）である。それは、世俗の波にもまれ、右往左往する多忙な生活のなかでは絶対に得られない。「自分が自分であることだけで神のように満足できる」（117頁）至福の時間なのだ。こうした幸福が味わえる条件は、「心が穏やかであること、情念によってその平穏を乱されないこと」（118頁）である。

この章のおしまいで、ルソーはこう述べている。「現在、夢想が深みへ向かえば向かうほど、私はあの島の光景をありありと思い浮かべることができる。（中略）だが、残念なことに、想像力の衰えとともに、あの島を思い浮かべるのもだんだん困難になり、長くは続かないようになってきてしまった」(121頁)。

「第6の散歩」では、ルソーは周囲のひとびとの自分に対する豹変ぶりを嘆きつつ、自分がどう振る舞ってきたかを回顧している。「私は生まれつき誰よりもお人好しな性格をしていたが、四十年間、一度も人に裏切られることなく生きてきた。その後、突如、人も物も何もかもが違う別世界へと放り込まれ、まったく気がつかないうちに幾多の罠にはまり、二十年たってようやく自分のおかれた状況が分かってきたというわけだ」(136頁)。周りから無数の嫌がらせや迫害を受けて人間嫌いになったルソーは、自分ひとりだけの孤独な世界に引きこもった。

「第7の散歩」は、植物論が中心であり、植物がルソーの心を救済するさまが描かれている。自分の心の動きを追いかけて苦しみ続けるルソーは、自然界の細部を見つめることで心の安定を得た。この章の植物讃歌は圧巻である。「樹木、低木、植物は大地を覆う飾りであり、衣服のようなものだ。(中略)水の流れや鳥のさえずりに囲まれ、自然によって活力を与えられ、花嫁衣裳のように植物に彩られた大地は、三界の調和を通して、生命力にあふれ、好奇心をかりたて、心を引き付ける光景を見せてくれる」(150頁)。「瞑想や夢想において最も甘美な体験は、自分を忘れるときにのみ訪れる。私が言葉にならないほどの恍惚と陶酔を感じるのは、生命の大きな体系に溶け込み、自然そのものと一体になるような気がする、まさにそのときなのだ」(156〜157頁)。

「第8の散歩」で、ルソーは自分を孤独へと追いつめた人間たちのことを再び思い起こす。周りのひとから手のひら返しにあってショックを受けたルソーはこう語る。「それまで自分が人に愛され、尊敬されるに値する人間だと思い、当然のこととして人々の敬意や好意を受けてきた私が、ある瞬間にとつぜん、史上最悪の恐ろしい怪物と見なされてしまったのだ」(178頁)。「誰もが陰謀に加担していた。ひとりの例外も、逸脱者もない」(179頁)。なぜ、こうしたことが起きたのか。空しい探索を重ねた末に、彼は気づいた。「彼らは全員、たったひとりの例外もなく、地獄のような心が生んだとしか思えない、不当の極みとも言うべき不条理なシステムのなかにいたのだ。そして、とりわけ私のことになると、人々の頭から理性が消えてなくなり、心から道徳がなくなるのも分かってきた」(181頁)。とはいえ、ルソーは彼らを一方的に批判しているわけではなく、自分のなかにひそむ高慢な気持ちや自尊心に注目して、それを自制できなかった自分を悔いてもいる。

ルソーは、周囲のひとびととの関係を回避し、いまやひとり楽しく暮らす幸福を享受していると、この章を締めくくっている。

「第9の散歩」では、ルソーは大好きな子ども達とすごした喜びの経験を想起するかたわらで、自分が過剰なまでに他人に反応するたちなので、人づき合いはつらいと嘆いている。「他人の表情に苦しみや痛みを見ると、私はひどく敏感に反応してしまう。たぶん、本人以上に激しく苦しみや痛みを感じてしまうのだ。つまり、想像力が感覚を増幅させ、私は他人の苦しみをわが身に、しかも本人以上に強く感じてしまうのだ」(214頁)。「誰かのちょっとした表情、しぐさ、目配せだけで、喜びがしぼんだり、痛みが和らいだりする。私が私でいられるのは、ひとりでいるときだけ、それ以外のときは、いつも周囲に降りまわされてばかりいるのだ」(215頁)。ルソーは、ひととの交わりにおいて、気を使いすぎたり、過剰に反応したり、本音を出せなかったりして、関係をぎくしゃくしたものにすることが多い自分をもてあましている。

中途で終わった「第10の散歩」は、ルソーが50年前に出会った運命の女性との日々の追憶である。「実に短い時期ながら、二度と戻らぬあの日々、あのとき、私はいっさいの混ざりものも障害もなく、生まれたままの自分でいられた。あのときだけは本当の意味で生を実感できたのだ」(224頁)。「あの、儚くも貴重な七年がなかったら、私は今も本当の意味で自分を知らずにいたことだろう。実際、その後の長い人生、私は常に無力、無抵抗で、他人の情念に悩まされ、降りまわされ、引きずられてきた。それゆえ、嵐のような人生のなかにあって、私はただ受け身にまわるばかりであった」(同頁)。ルソーは、他人にかき回され、苦しめられ、神経をすり減らされ、自分を見失って生きてきた人生を悔やむ。「だが、思いやりと優しさにあふれる女性に愛されて過ごしたあの数年間だけは、自分のしたいことをなし、こうありたいと願う自分でいることができた」(224〜225頁)。

こうして、ルソーの自己探求の散歩は中断したままになった。本書は、人間関係に翻弄され、窮地に陥ったルソーが、自分は何者かと考えるのではなく、自分の思いに身をゆだねる夢想を通じて自分の過去を描き出す試みである。ルソーの願った共存の崩壊と孤独という問題があぶり出されている。本書には、女性との数年間の懐かしい日々の追憶、他人からの迫害に困惑した日々の悔恨、追いつめられた孤独な時間のなかで享受した幸福感の再現など、記憶に残る文章が多い。ルソーを迫害したひとびとも、それに苦しんだ本人もすべていなくなったいま、この珠玉のような夢想録のみがわれわれの手元に残されている。

December　12月—1

人生の塩

——人類学者・エリチエの見方——

フランソワーズ・エリチエの『人生の塩　豊かに味わい深く生きるために』（井上たか子・石田久仁子訳、明石書店、２０１３年）は、ある病院の内科病理科の教授で臨床医でもある知り合いから届いた絵葉書がきっかけになっている。それは、「『〝盗みとった〟スコットランドでの一週間のバカンス』」（16頁）ということばで書き始められていた。彼は、片時も仕事の事が頭から離れず、過酷な医療活動に日々身を削るようにして生きていたが、なんとかやりくりして一週間の休暇をとっていた。エリチエの目に、「盗みとった一週間」ということばが飛びこんだ。彼女はこう考えた。「私たちが彼から彼の人生を盗みとっている。彼自身が自らの人生を盗みとっている」（17頁）。彼女は絵葉書の返事で率直な思いをこうしるした。「あなたは毎日、人生に豊かな味わいを与えてくれる『人生の塩』をないがしろにして生きておられる」（同頁）。

振り返って私はどうなのか。私にとっての人生の塩とはなんだろうか。この自問が起点になって、人生の塩に関する「インスピレーションにまかせて筆の赴くままに書き進めた一種の『ファンタジー』」（15頁）が成立した。「本書は、長い独り言のつぶやきのような、いわばひとりでに断続的に浮かんできた言葉の列挙、全体が一つの長い文章のかたちで続いていく言葉の単なるリストである」（18頁）。エリチエ自身の感覚的、知覚的な経験、感動、小さな楽しみ、大きな喜び、深い幻滅や苦悩などが思いつくままに、ごく短く書きとめられている（同頁参照）。自然や動物、騒音、音、光、影、匂いなどに注意深いまなざしを注ぎつつ（21頁参照）、彼女が人生の塩と見なすものを列挙しただけの本である。しかし不思議なことに、じっくり読んでみると、短文のひとつひとつが心に響いてくるのだ。帯には、「思い出をいくつもいくつも書き出す。ただそれだけで、あなたの人生が輝き始める」とある。小説でもエセーでもなく、平凡なメモ帳のようなもの、走り書きにも似たものが人生の断面を切りとって、忘れがたいものにしてくれる。この本は、フランスでは30万部も売れているという。

フランソワーズ・エリチエ（1933〜）は人類学者である。ブルキナファソでの現地調査にもとづいて親族関係や近親相姦の禁止に関する理論を構築した。1982年に、クロード・レヴィ＝ストロースの後継者としてコレージュ・ド・フランスの教授に就任した。全国エイズ審議会の初代会長を務めた。エイズや生殖補助医療などの社会問題にも積極的に発言している。

本書のタイトルになっている「人生の塩」とはなにか。エリチエによれば、それは、「生きているというそれだけのことの中にある何か軽やかなもの、優美なもの」（22頁）であり、「私たち誰もの人生に加味されているこの些細なもの」（同頁）である。些細なものは見逃してしまいがちだ。料理の味を引きたてる塩は食卓の片隅に置かれている。人生を味わい深いものにするという人生の塩も脇役であって、あまり注意が払われることはない。本書は、人生の塩そのものを主役にしている。

「おわりに」の冒頭で、彼女は、人生の渦中にある「私」を二重に定義している。一方は、身体つき、性格、人間関係、職業、私的な活動、家族や友人関係、評判、社会活動、所属するネットワークなどによって表面的に定義される「私」である（127頁参照）。比較的分かりやすい指標だ。他方は、「心底の『私』」（同頁）である。こちらは隠されていて、見えない。「この『私』こそは私たちの宝なのであり、観察力、命あるものとの共感、現実と一体になれる力といった世界に向けて開かれたものからできている」（127〜128頁）。「『私』とは考え行動する者であるだけでなく、絶えず新たにわきあがる内心の隠れた力によって感じとり肌で悟る『私』でもある」（同頁）。彼女が強調する「私」は、好奇心をもち、共感し、欲望をいだき、苦しみや喜びを感受する身体的な存在として生きる「私」である。この種の身体的な経験は、自分で自主的に考えれば得られるというものではなく、受動的な仕方で身にこうむるものである。彼女は、本書で「目には見えないながらも私たちを動かし規定するこの力を追いつめてみたかった」（128頁）と述べる。「本書は、子ども時代には誰もがもっているちょっとした天真爛漫な部分にとどまらず、感性を備えた存在である私たちを形成し、絶えず形成し続けるこの情動の大いなる土壌を再認識することができるように願って書かれたものである」（129頁）。身体の根本的な経験に立ち返ってみようという誘いである。

「人生という競技の場」(129頁)では、われわれの多くは忙しく、せかされて生きている。「キャリアの構築、企画の実現、収益性の確保といった到達すべき目的」(同頁)のために未来をかき集めるようにして走らざるをえない。ノルマの達成に神経がすり切れ、仕事に追われて息つく暇もない日々が続く。スケジュールが優先される生活からは、人生を味わい深いものにしている「塩」などという些細なものは、すっかり見失われてしまうのだ。

われわれの生涯は多種多様な経験の織物でもある。しばしば「苦悩の焼けつくような経験や決定的な死の経験」(同頁)に遭遇するし、思いもよらない経験に痛めつけられることも少なくない。しばしば、この世界は『涙の谷』」(130頁)とも見なされる。エリチエは、本書では、苦しみや悲しみに染めぬかれた悲劇的な経験には触れず、感覚的な喜びの経験、人間が五感で感じたり、心を動かされたり、突き動かされたりする感覚的な経験に的を絞っている(130頁参照)。

彼女によれば、この世界で生きる「私」は、思い出によってつくられる存在でもある。意志的に思い出す経験ではなく、思い出される経験の側面に注意が向けられている。「出来事は過ぎ去っていくが、本質は身体に刻まれ、残っていて、ある喚起の束の間の魔力や、ある感覚の戦慄や、ある感動の驚くほど生き生きとした、ときに理解不可能な力によってふたたび出現する。もしそれがあの内心の燃えるような声によるのでないならば、時の流れのなかで生成していたことにさえ気づかないでいるあの生命の原動力によるのでないならば、いったい何がそうした出現の原因なのだろうか」(131〜132頁)。過ぎ去った思い出は、身体の生命的な力の働きによって現在によみがえるというのだ。「私たちはセンサーをそなえた組織体であり、そのセンサーによって、いくつかの消えることのない痕跡を記録し、記録された痕跡は私たちの進む方向を定めるための後見役となる。(中略)感じることのできるさまざまなすべての感動のなかで本当に私たちの心に触れるものの典型だけが残るのである」(132頁)。エリチエの見方によれば、思い出とは、身体がセンサーを通して感受し、自らに深くきざみこんだ出来事が、われわれの意志とはかかわりなく、それ自身の力によって姿を現す現象である。

エリチエは、思い出されるという経験の基礎をつくる「感覚の創造的機能」(134頁)にもっとも信頼を寄せている。それは、見る、聞く、聴く、触る、愛撫する、感じる、匂いをかぐ、味わうといった心身合一的な感覚経験である(同頁参照)。しかし、この経験においてどんな事態が生じているのかをはっきりと見定めることはできない。感覚的な経験には、ことばにはできない次元がひそんでいるのだ。それに近づくためには、その種の経験を感じることが大切だ。彼女は、本書をこう締めくくっている。「すべてのものに、自分以外の人たちに、人生に『味わい』を感じることが必要なのである」(同頁)。

しかし、どのようにすればあらゆるものに「味わい」を感じられるようになるのだろうか。おそらく、そのための最良の方法のひとつは、見る、聞く、感じるといった感覚的経験が、見ているもの、聞いているもの、感じているものとの生涯ただ一度限りの出会いでしかないということをよく噛みしめることだろう。どんなにありふれた出来事でも、ただ一度しか生起しない、最初の出会いが最終の出会いだと知れば、その機会を貴重な瞬間として愛惜し、出会うものとじっくり、ゆとりをもって接することが可能になるだろう。それが「人生に味わいを感じること」につながるのだ。

以下に、彼女が「人生の塩」と名づけているものの一部を各頁から適宜抜き出してみよう。全体は、2011年の8月から2箇月たらずの間に書きとめられている。「え？　なに、これ？」といぶかしく思われるかもしれないが、まずは読んでみてほしい。

8月13日。「日向で飲むコーヒー、日陰の昼寝、さわやかな秋の夕暮の至福、夕陽、皆が寝静まった夜中に目を覚ましている、香りや風味の追求（以上28頁）、あたたかい雨の中を走る、首への愛撫、通りにただよう焼き立てのクロワッサンの香り、自然の中ですべてが静まりかえる沈黙の瞬間……」（以上29頁）。

8月14日。冒頭につぎの一文、「あなたを『超』うんざりさせる危険を承知のうえで続けます」（31頁）。「裸足で歩く、海の音に反響する声に耳を傾ける、伸びをしてあくびをする（以上31頁）、夜明けの新鮮な空気を吸い込む、風に揺らぐ枝を見る、サラミソーセージとピクルスを頬張る、微笑を期待していなかった人に微笑みかける（以上32頁）、生命そのものにじっと耳をすます、階段を駆け上がる、息せき切って目的地に到着する、開けた窓の近くに腰掛ける、胸がドキドキする（以上33頁）、夜が明ける前の空が深い青に染まる時を待つ、植物に水をやり話しかける、煎ったイナゴをおそるおそるかじってみる（以上34頁）、さっそうと歩く、足を枯葉まみれにする、昼はこおろぎの鳴き声に耳をすます、たちこめた霧のベールがすべるように晴れていくのを眺める、疲労困憊した身体の重みをベッドのなかで感じる（以上37頁）、熱い、でも熱すぎない砂の上を歩く、自然の中でおしっこをする、愛撫する、愛撫される、キスする、キスされる（以上38頁）、雨季の夜にニジェールの首都ニアメの滑走路に降り立って、アフリカの大地の暖かくピリッとした匂いをかぐ、番のライオンが月光を浴びて静かに通路を横切るのを見る、まだ生きていることに驚く」（以上38～39頁）。

8月17日。「まだ続きます」（41頁）。「列車が近づいてくる小さな響きに耳をすます、兎のために草を摘む、シューベルトの『冬の旅』を聞きながら涙する、つけているのを忘れる程度に香水をつける（以上42頁）、道行く人々の歩き方を観察してどんな心理状態かを勝手に分析する、深呼吸することを時折思いつく、からからに渇いた喉をうるおす、自分自身であることを決して恥じない……（以上43頁）、鳥肌が立つ、鍵穴に鍵を差し込む、旅に出る（以上46頁）、庭の最初のアイリスが芽を出すのを見る、枯葉をかき集める、宴のあとの静けさを楽しむ」（以上56頁）。

8月24日。「これでおしまいかしら？」（57頁）。「二十歳にもならない若い男の子を仰々しい口調でムッシューをつけて呼ぶ、あまりに見事な色彩を前にして陶酔状態に陥る、シャルル・トレネに合わせて身体をゆすり、イヴ・モンタンと一緒にブランコに乗る女の子の脚を見つめる、大粒の雨が地面ではじけるさまや巨大な虹や闇夜の中の遠い灯りや流れ星や人工衛星がはるか天空を音もなく通り過ぎるのを見る、何も言わないでいる思いやりの深さを感じる（以上58～59頁）」。

9月2日。「まるで麻薬みたいです。やめられません」（63頁）。「恥も外聞もなく昔の失敗を思い出す、丘陵を自転車で、上りはジーノ・バルタリみたいに颯爽と、下りは死ぬほどブレーキをかける」（以上65頁）。

以上は、ほんの一部で、リストは124頁まで延々と続く。これらのリストのひとつひとつを丁寧に読み、情景を思い浮かべてにやりとするひとは少ないだろう。平凡なことしか書いてないと速断して、嫌になってさっと読み飛ばして終わりにするひともいるだろう。なかには、「なんてつまらない、こんなものを読むのは時間の無駄だ」と腹を立てて、本を閉じるひともいるだろう。

日々の生活のなかでは、誰もが他人を気にし、就職先や収入、肩書きといったことにこだわって生きている。そしてなによりも、ある年齢からは生きるために働かなければならないひとが大半だ。働くことが生活の中心になると、生きるということの根本的な側面は視野に入らなくなる。しかし、生きるということは、まずは食べること、眠ること、目覚めること、手足を動かしたり、あくびやくしゃみをしたり、トイレに行ったり、ひとや自然を見つめたり、涙を流したり、音のする方に耳を傾けたり、寒さ、暑さを感じたりすることである。生きるということの基本は、身体的な反応の無数の出来事を経験するということだ。しかし、それはありふれたことなので、多忙な日々のなかでことさら気にとめることはない。しかも、それらの多くは、すぐに過ぎ去ってしまう日常的な出来事なので、「私はなにをしているのか」と立ちどまって省みることもまれだ。

けれども、エリチエが書きとめているリストに目を通し、ひとつひとつの場面を想像すると、日常のごく些細な出来事が、実はとても感動的で、稀有な瞬間であると思い知らされる。彼女は、本書の膨大なリストについてこう述べている。「ここに記したのは、人生のほんの些細な出来事の一つひとつを、毎日そこに立ち戻り元気をとり戻すことのできるような、絶えずひとりでに増大していく美と魅惑の宝庫にするための方法にすぎません」(124～125頁)。彼女は、思い出が「私たちの人生に風味を添える道しるべ」(125頁)だと考える。たしかに、過去の情景や、ときどきの感情の出現などが不意になつかしく思い出されてくる経験がないとすれば、われわれの人生は平板で、単調なものにとどまるだろう。思い出こそが、われわれの人生に深い彩りをもたらし、人生を味わうことを可能にしてくれるのだ。

エリチエは、長いリストのおしまいにこう書きとめている。「『いったい誰なの？』と言いたげな生まれて間もない赤ちゃんたちの無言の問いに笑顔で応える」（124頁）。好奇心に満ちた赤ちゃんのまっすぐなまなざしは、人類学者としてのエリチエに「この私はいったい誰なのだろう」という問いを投げかけている。

本書は、患者のために忙しく働いている知人の医師に、すりきれて倒れる前に、「たまには思い出の扉を開けて人生の風味を味わってみては」というエリチエのアドヴァイスが起点となった。だれもが「人生という競技の場」（129頁）で懸命に生きていかなければならないが、ときには多忙な生活のリズムにちょっとだけ転調を加えてみる。人生の塩の風味が味わえる思い出の時間をすこしだけ生きてみる。それができれば、「人生は思っているよりもはるかに豊かで興味深いもの」（125頁）になるとエリチエは信じている。

December　12月―2

社会のなかで生きる

――オルテガの社会学――

オルテガの『個人と社会　人と人々』（A・マタイス　佐々木孝訳、白水社、1989年）は、社会のなかで生きる人間の諸相を描いた傑作である。近世の哲学者デカルトは、「私は考える、ゆえに私は存在する」と宣言し、「私」から出発する哲学を展開した。それに対して、オルテガは、「私は、私と私の環境である」と強調し、「私」と「私の環境」との相互的な関係性を重視する社会学の地平を切り開いた。自分を中心に世界が回っていると錯覚すれば、傍若無人なふるまいをしかねないが、オルテガは偏狭な私中心主義を批判し、私と環境、私と他者の共存の地平を切り開いた。

オルテガ（1883～1955）は、スペインのマドリードに生まれた。大学を卒業後、カント哲学を学ぶためにドイツに留学した。マールブルク大学での勉強は実り多いものであった。1910年にマドリード大学教授に就任。1929年、独裁政権による同大学の封鎖にさいして辞表提出。1930年、オルテガの名前を世界的なものにした『大衆の反逆』が刊行された。1936年、スペイン内戦勃発のため、家族とともに出国し、フランス、オランダなどで亡命生活を送った。1939年、フランコ独裁政権が成立したため、アルゼンチンの首都、ブエノス・アイレスに移住。1942年にポルトガルに移住。戦後、亡命生活を終えて帰国した。1948年にマドリードに人文学研究所を設立し、スペインの知的な復興に尽力した。1955年、自宅でなくなった。1957年に『個人と社

会　人と人々』が出版された。

『個人と社会　人と人々』の大半は、1939年にブエノス・アイレスでおこなわれた講演をまとめたものである。冒頭には、前年の講演の「要約」が序論にあたるものとして掲載されている。オルテガはそこで、当時の歴史的苦悩の大部分は、社会学がその根本問題（政治、国家、法律、全体と個人、国民、革命、戦争、正義など）を十分に解明していない点に起因すると述べている。こうした問題を分析することによって、「社会とはなにか」についての透徹したヴィジョンが獲得されるというのが彼の主張である。1939年のドイツ軍によるポーランド侵入を契機にして、戦争は世界的な規模にまで拡大した。オルテガは、当時の時代状況を注視しながら、「社会的なものとはなにか、社会とはなにか」を明らかにしようとしている。

本書では、「われわれが個人として生きる（孤独）」、「他人とともに生きる（共存）」、「社会のなかで生きる」という3つの場面について具体的な考察がなされている。

オルテガは、「1　自己沈潜と自己疎外」のなかで、戦前から戦中の国家と人間の傾向をこう要約している。「真実なる選択をおこなったり、内省に引きこもることを可能にする地平線の静寂を享受している国はもはやわずかしかない。ほとんど世界全体が疎外されており、そしてこの自己疎外の中で人間は、自分のもっとも本質的な属性を喪失している。すなわち自分の信じているものは何か、真実自分がたいせつにしているものは何か、真実自分が忌みきらっているものは何か、を納得し見きわめるために思索したり自己の内部にこもるという可能性を失っているのである」（23頁）。状況に応じて右顧左眄するのではなく、状況から身を引いて、自己の内部に沈潜し、状況について思索することが求められる。しかし、思索することで終わるわけではない。それはあくまで、自分が置かれている状況のなかで、どのように行動するかを決めるためなのである。「われわれの朽ちることなき深みに静かにひきこもる能力」（43頁）を行使して、どう考え、どう行動するかという戦略を練らなければ、われわれは、「われわれを気もそぞろにさせ、われわれの正気を失わせようと脅かしてくる行動」（45頁）に足をすくわれてしまいかねない（45頁参照）。オルテガは、人間が思考力を賦与された知性的な存在だとする見方を「驕り」として退けている。人間は、しばしば、どのように行動するかを落ち着いて考えることをせず、自分がなにをしているかわからなくなる存在なのである。オルテガは、戦争という不幸な状況を招いた一因は、われわれが自己に沈潜する能力を喪失した点にあると見なしている。

「2　個人的生」は、根本的な実在としての「私の生」（50頁）を主題にしている。オルテガによれば、私の生は自分が自分自身に与えるものではなく、自分に与えられるものである（54頁参照）。この与えられた生を生きる私は、自分が選択したのではない環境（世界）のなかで生きていかなければならない。「生は思いがけなくわれわれの上に投げ出されているのである。（中略）つまりわれわれが生まれた場所と時、そして生まれた後に生きる場所と時の中で、われわれは好むと好まざるとにかかわらず泳ぎきらなければならないのである」(同頁)。われわれは石のように存在することはできず、常に与えられた環境のなかで、なにかをして生きていかざるをえない。自分の生き方を自分で選択しなければならないのである。私の生を他人に生きてもらうわけにはいかない。その意味で、「生は本質的に孤独であり根本的孤独である」(60頁)。しかし、われわれは本質的に孤独な存在だからといって、孤立しては生きていけない。環境を作りあげている鉱物、植物、動物、自分以外の人間たちと向き合い、ぶつかり合って生きていかなければならないのである(62頁参照)。

「4『他者』の出現」は、われわれが他者(他人)とともに生きる存在であることを主題にしている。われわれは、一方では、環境のなかで、自分ひとりで行動しなければならない。歩く、食べる、呼吸する、排泄する、寝るといった行動を他人にしてもらうわけにはいかない。ものを見たり、考えたり、書いたりする行動も人まかせにはできない。他方では、われわれは家族や、隣人、同僚などと交わる存在である。相互の関係がギクシャクする場合もあれば、円滑に進む場合もあるが、関係を避けては通れない。

「5 対個人的生 われわれ―なんじ―われ」では、われわれが孤独な存在としてすべきことが再度強調されている。「人間は自分の生という業務、すなわち責任を有するのは自分だけである生という業務、の収支決算を定期的かつ明確に行なわなければならない」

(125頁)。「人間の生が有する真正なる現実には、自己自身の孤独の深みにひんぱんにひきこもらなければならないという義務が含まれている」(同頁)。オルテガは、この点を執拗に強調している。それというのも、われわれはしばしば周囲からの同調圧力に屈して自分の責任を放棄し、付和雷同しやすいからである。われわれはまた、「自分自身に向かって自己を容赦なくさらけ出すこと」(同頁)、自分自身を「裸にすること」(126頁)という自己批判を回避し、自己保身に走りやすい存在でもあるからである。

　われわれは、他人と共存して生きる存在でもある。共存が可能になるのは、われわれの間に相互作用が生じ、同類の意識が働くからである。「私の自我が私の内部で持つと同じような意味を持つ自我を、彼もまた持っているということである（中略）、つまり彼は私と同じように、考え、感じ、欲し、目的を持ち、わが道を行くなどのことをするのだ」(131頁)。

　しかし、私にとっての私と、私にとっての他者との間には明確な相違がある。私は私の内部に直接結びついているが、他者の内部は私に直接は与えられない。けれども、他者はその身体を通じて私に表現する存在であり、その表現を通じて、私は他者の内面に近づくことができる。「たとえば私は、他人が何かを眺めているのを見る。『魂の窓』である彼の眼は、他の動作よりも彼について多くを語ってくれる。なぜならそれらは、まなざしという、内面から生まれる数少ない動作だからである」(117頁)。他者が私に相対するときにも同じことが言える。共存は、われわれが相互に接近可能な存在であることによって可能になるのだ。

この章で注目すべきは、オルテガが、私という個人の生から出発して、他者の出現を論ずるという順序を中断しつつ、経験的な発生の場面に立ち返っていることである。成人としての人間の考察から始めるのでなく、ひとりの人間が成人になるまでの経験を観察しているのである。「各人の生に最初に現われてくるのは他の人間である。なぜならあらゆる『各人』は一つの家族の中に生をうけ、そしてこの家族もけっして孤立して存在するものではない」(133頁)。「自分たちが生きていることに初めて気づいたときにはすでに、われわれは他者と共に、そして他者のまん中にいるばかりでなく、他者になじんでいる」(134頁)。われわれは、誕生以前も以後も家族や隣人、医療者たちの助力や協力のお蔭で存在するのである。ひとびとの間に生まれて、ひとびととの間で生きる存在なのである。人間のこうしたあり方を、オルテガは、「われわれ主義、われわれ性」と呼んでいる(138頁参照)。出発点として考慮されているのは、デカルト的な孤立した「私」ではなく、相互にかかわる「われわれ」である。「ふつう考えられることとは反対に、第一人称は最後に現われてくるのである」(140頁)。デカルトの「私」は、成長して、自分で考えることのできる主体としての「私」である。それに対して、オルテガが注目する、ひとびとの間に生まれたばかりの幼児は、ひとびとが話していることばを聞きながら、ことばを習得する経験の途上にあり、考えることができるまでには相当の年月を要するのである。

「6　ふたたび他者たちとわれについて　彼女への短い旅」では、成長した「私」に他の人間がどのように現われるのかという問題が再度扱われている。「彼女への短い旅」という言い方で、オルテガの女性論も展開されている。重要な観点のひとつは、他の人間が身ぶりを通じて現われるということである。オルテガは、前章に続いて、まなざしの表現が豊かな理由は、まなざしが直接内面から出てきて、弾丸のように正確な直線を描くからであり、さらには、眼窩、落着きのないまぶた、虹彩と瞳などのみごとな俳優が、内部に舞台と劇団をかかえた劇場に匹敵するからだと述べている（145頁参照）。彼はまた、驚くほど巧妙に働く眼の筋肉（括約筋、眼瞼筋、拳筋、虹彩の筋肉繊維）のお蔭で、内的な深みのわずかな違いでまなざしが変化するとも述べている（同頁参照）。その具体例として、執拗なまなざし、対象の表面をすべるようなまなざし、対象をまるで鉤のようにとらえるまなざし、直視と斜視、流し目、盗むようなまなざし、甘美で魅惑的なまなざしなどがあげてある。そうした多様なまなざしを通じて、他者はその内面を伝える存在として現われてくるのである。

「7　他者という危険ならびにわれという驚き」は、他者の二面性を浮き彫りにしている。一方は、3人称としての他者が、自分にとっての親しい「なんじ（あなた）」に変わる側面である。日常の生活においては、われわれにとっての多くの他者はすれ違うだけの存在であり、注意して見つめたり、追跡したりする存在ではない。彼らは「親密度ゼロの純粋な他者」(188頁)でしかない。しかし、特定の状況においては、疎遠であった他者はその行為や、顔つき、身ぶりを通じて、私にとってのなんじに変わる。それは、出会うという経験である。この種の経験においては、私はなんじに挨拶し、握手やお辞儀をし、ことばを交わして親しく交わる。

オルテガは、われわれが親しく交わるなんじの存在を、同時代人を超えて、死者たちにまで拡張して考えている。「他者は生者だけではないのだ。いままでけっして見たことはないが、それでもなんじである他者がいるのである。すなわち家族的思い出、廃墟、古い記録文書、物語、伝説などは、われわれにとって時代を異にした、したがってわれわれと同時代のものではない他の生の新しいタイプのしるしである。われわれはそれらのしるしの中に、すなわち現在の顔つきや身ぶりや動作ではないしるしの中に、それら過去の、昔のなんじたちの現実を読みとることができなければならない」(196〜197頁)。

他方は、未知の他者が危険きわまりない側面をもつということである。他者はしばしば悪意をもって行動し、身近なひとを襲い、傷つける。「他者がたとえわずかな程度であっても、われわれにとって敵意にみち凶暴であるのは、けっして不測の事態などではなく、なんじはしょせんなんじであるという簡単な事実だということである」(200頁)。わたしと親密性の希薄ななんじの間には、頻繁に対立や闘争が起こる。いさかいや揉めごとも絶えない。オルテガによれば、こうした人間関係こそが、われわれに自分の限界や、具体的なありかたを教えてくれる（210頁参照）。

「9　挨拶に関する考察」は、人間の行動の社会的な性格を論じる1章である。われわれが日常的におこなっている挨拶が具体例としてあげられている。要点を手短にまとめてみよう。1　挨拶は誰もがする行為である。2　挨拶は私にも、私以外の人間にも起源をもたない。挨拶はおこなわれているからするものである。3　挨拶の創始者は私でもあなたでもなく、他の誰かでもない。挨拶は私が自発的におこなうものではない（230〜231頁参照）。オルテガによれば、挨拶は周りの誰もがしているからするものであり、その行為が何を意味するのかははっきりと理解されてはいない。

にもかかわらず、挨拶は繰り返される。「だれがわれわれにそれを強いるのか」（234頁）。この問いは、本書の中心的な課題である「慣習」論につながる。オルテガによれば、慣習はわれわれの行動に対する強制力をもつものである。国家がわれわれに課す義務、周囲から押しつけられる衣服上の規範、日常生活のなかの言語的規範などはその具体例である。「われわれは、この世に生を受けて以来、慣習という大海の中に沈められて生きているのであり、そしてこれら慣習はわれわれの見いだす最初の、そしてもっとも強力な実在であると言うことができる。すなわち慣習は（中略）われわれの社会的環境もしくは世界であり、われわれがその中に生きるところの社会なのだ。われわれはこうした社会的世界あるいは慣習を通して、人間および事物の世界を、宇宙を見るのである」(235頁)。

「10挨拶に関する考察―語源学的動物たる人間―慣習とは何か」は、「慣習論」の白眉である。オルテガは、冒頭で慣習の特質についてこうまとめている。「われわれの出生以来、慣習はあらゆる側面からわれわれを包み、われわれをしめつけている。さらにはわれわれを圧迫し、抑圧し、われわれに侵入し、浸透する。ほとんどぎりぎりいっぱいまでわれわれに浸透し、われわれを満たす。われわれは生涯それらの囚われびとであり奴隷なのだ」(237頁)。われわれは、慣習という社会的な束縛を逃れて、自由自在に行動することは許されてはいないのである。

オルテガは、挨拶の歴史的な背景をさぐり、また挨拶の起源を探究した生物学者、スペンサーの論文を参照しながら、どのようにして慣習が形成され、消失するのかといった問題に肉迫している。アラブ人やインド人、アメリカ・インディアンなどの挨拶の仕方にも言及した具体的な記述に説得力がある。オルテガは、人間がかつて野獣であったという性状を保持しているために、相互の接近が悲劇を招く可能性があり、挨拶はその危険を避けるためのテクニックであったと述べている。彼はまた、好戦的挨拶と平和的な挨拶の違いについて述べたり、弱くあいまいな慣習と強く厳格な慣習を対比して論じたりしている(261～264頁参照)。いずれも大変刺激的な挨拶論である。

オルテガの思想に関心のあるひとには、中島岳志の『オルテガ　大衆の反逆　多数という『驕り』』（ＮＨＫテキスト「100分de名著」、２０１９年）を入門書としてお勧めする。オルテガの生涯や思想のエッセンス、歴史観などが分かりやすく解説してある。

January　1月—1

始祖はこう語った

——親鸞と道元——

親鸞

親鸞（１１７３〜１２６２）は、９歳で出家し、比叡山延暦寺で20年間修行に励んだ。29歳で法然の弟子になったが、法然の念仏宗に対する弾圧に伴い、１２０７年に越後に流された。赦免後も越後にとどまり布教を続けたが、のちに関東に移って、20年あまりの精力的な活動をした後、京都に戻った。親鸞の『教行信証』は、関東で活躍していた時期の著作である。

親鸞の没後、その教説を誤解したり、批判したりする人びとが現れた。直弟子の唯円は、その状況を嘆き、自分が聴いた師の教えを伝えるために『歎異抄』を著した。この本は、宗教書の古典中の古典として今も人気がある。金子大栄校注の『歎異抄』（岩波文庫、２０２０年［第118刷］）は、１９３１年の初版から幾度も版を重ねて現在にいたっている。『歎異抄』を読むのは、僧侶や、仏教系の高校や大学の生徒、学生だけではないだろう。思春期に、なんとはなしに『歎異抄』を手にとり、よく分からないままに読み終えたというひとも少なくないに違いない。

浄土真宗の根幹が和文によって説かれている『歎異抄』は、けっして読みにくい本ではない。平易なフランス語で近代哲学の要諦を述べたデカルトの『方法序説』に比せられると言ってもいい。しかし、手軽に読めるからといって、内容が理解できるとは限らない。平易な語り口を追っていくだけでは、背後にひそむ信仰の核心には迫れない。

三田誠広は、『こころにとどく歎異抄』（武蔵野大学出版会、２０１８年）で、親鸞の生きたことばを読者に伝えようと試みている。三田は、「はじめに」でこう述べる。「親鸞の思想は、きわめてシンプルだ。シンプルなだけに、かえって分かりにくく、奥が深い」（3頁）。読者に『歎異抄』の深い意味を伝えるためには、『歎異抄』を口語訳するだけでは不十分だ。そこで、三田はこう考えた。「親鸞の語り口を拡大して、歎異抄の全文を語り直すことにしたら、親鸞の教えの最も大事な核心ともいうべきものが、読者の『こころにとどく』のではないだろうか」（5頁）。

本書は、18の部分に分かれた『歎異抄』の構成にしたがい、第1章から第18章までと、それに加えた「最後の章」の全19章からなっている。さらに付録として、「仏教の歴史／釈迦から親鸞へ」が加えられた。各章には、簡潔な説明がついているので理解の助けになる。

『歎異抄』の第一は、原文ではこう始まる。「弥陀の誓願不思議にたすけられまいらせて、往生をばとぐるなりと信じて、念仏まうさんとおもひたつこゝろのをこるとき、すなわち摂取不捨の利益にあづけしめたまうふなり」（岩波文庫版、40〜41頁）。金子大栄による大意はこうである。「念仏する者を、光明の中に摂め取りたもう。それを阿弥陀と名づく。これ即ち阿弥陀は念仏者にその徳を現わし、念仏者は阿弥陀の光明の中に自身を見出すのである」（同版、41頁）。原文も大意も、これを読むだけでなにがしかが「分かる」ひとは、親鸞の思想を相当学んだひとであろう。一般の読者には意味不明な箇所が多い。

三田の『『超口語訳』』（5頁）は、こうである。「唯円さん。一つお尋ねいたしましょう。あなたはもう一途に念仏を唱えて、阿弥陀さまのご誓願の不思議なお慈悲におすがりしようと、覚悟されていますね。

それはどのような覚悟ですか。おそらく強い決意に支えられた、しっかりとした覚悟なのでしょうが、その覚悟の強さを、自慢するような気持でおられるのではありませんか。

よく考えてごらんなさい。あなたがそんな気持になり、一途に念仏を唱えておられるというのも、すべては阿弥陀さまのお導きなのです。ですから自分は強い決意をもっていると、自慢してはいけません。そういうおごりたかぶった気持は、信心のさまたげになります」（10頁）。

親鸞の意図をくみとり、それが読者の心に響くようにと配慮した苦心の訳である。親鸞は、われわれが自分の力で生きているという思いを「おごり」にすぎないとたしなめ、われわれは阿弥陀さまのお力に預かって生かされて生きていることを片時も忘れてはならないと語った。「南無阿弥陀仏」とひたすら念仏を唱えることが信心の道であると説いた。今でも、浄土真宗の高齢の信徒には、「南無阿弥陀仏」を、「なんまんだぶ、なんまんだぶ」と言い換えて口にする人が少なくないだろう。

「善人なをもて往生をとぐ、いはんや悪人をや」（岩波文庫版、45頁）で始まる第3は、三田訳ではこうである。「誰の助けも要らぬというほどに節制をして、自分に厳しく修行に努めている『善人』にも、阿弥陀さまはいよいよとなれば救いの手を差し伸べてくださいます。そんな『善人』でも救われるくらいですから、心が弱く自分ではどうしようもなく悪を重ねてしまう『悪人』は、心配しなくても阿弥陀さまは真っ先に救いの手を差し伸べてくださいますよ。

世の中の人はこのことをまったく反対に考えて、こんなふうに言うでしょう。悪人でも往生できるのだから、善人はなおさら往生できるはずだ……と。理屈としてはとおっているようですが、わたしがつねづね言っている他力本願という趣旨からすれば、まちがった理屈と言わねばなりません。

なぜかと言えば、比叡山の修行者のように、強い決意をもって厳しい修行に打ち込み、善きことをなそうと意気込んでいる人は、自力で何とかしようと思い込んでいるので、阿弥陀さまに無心におすがりする気持ちがありません。自分を善人だと考えている人は、信心がうすくなりがちです。自力を捨て、他力に頼る。そういう素直な心がけが、極楽往生につながるのです」(26頁)。

今日でも、比叡山では、千日回峰行という荒行に挑む僧が、「堂入り」という10日間の行を行い、死の直前まで自分を追いこむ。この行は、出発点として僧侶の決意と覚悟がなければ始まらない。親鸞が心を寄せたのは、修行僧に見られる自力独行のひとではなく、心が弱く、くじけやすく、道を外れて生きてしまうひと達、自分のどうしようもなさ、みじめさにもがき、苦しんでいるひと達だった。親鸞は、そのひと達に、「そのままでいい、阿弥陀さまが救ってくださるのだから」と語り、阿弥陀さまに感謝して念仏を唱えることをすすめた。

念仏について述べた第8は、こう訳されている。「念仏というものは、それを唱える人にとっては、修行でもないし、善でもありません。

自分でそうしようと思って為すことではないので、修行とはいえません。自分の意志から生じたことでもないので、善ともいえないのです。わたしたちが念仏を唱えるのは、阿弥陀さまのお導きによるものです。自分の力によるものではありません。すべては他力というしかないのです。自分の手柄だと思ってはいけません。だからこそ、念仏というものは、修行ではないし、善でもないのです。このことをよくわきまえておいてください」(66頁)。親鸞は、自力では生きられない庶民を念頭において、現世の苦しみは念仏によって癒されるのだという他力本願の道を説いたのである。

おしまいに、「歎異抄後序」のなかから、親鸞のことばを引用する。「『自分はいま現に罪悪を犯し、生死に迷っている凡夫であって、限りなく遠い過去より、つねに沈みつねに流転して、迷いから逃れるすべを知らぬ身であると思い知らねばならぬ』」(167頁)。浄土真宗の開祖親鸞が身近に感じられることばだ。

本書の特徴は、親鸞という魅力的な宗教者の考えを平明に語りつくしている点にある。感受性の豊かな青春期に読むと、ひとが生きることがどういうことなのかについて自分で考える時間が生まれるだろう。

道元（1200～1253）は、13歳で出家し、延暦寺と園城寺で学んだ。その後、京都の建仁寺で臨済禅を修め、1223年に入宋し、栄西禅師ゆかりの天童山景徳寺で如浄禅師のもとで厳しい修行を続けた。4年後に帰国し、しばらく建仁寺に仮寓したのち、1230年には深草に移り、3年後に興聖寺を創設して、僧団を形成した。1243年、道元は、比叡山からの圧迫を避けて、弟子たちと共に越前に移り、大仏寺というあたらしい道場をつくった。この道場は、翌年に永平寺と改称された。

『正法眼蔵随聞記』（山崎正一全訳注、講談社学術文庫、2003年）は、道元に師事した懐奘禅師が、弟子たちに語った師のことばを筆録したものである。1235年から1237年の冬までの道元の語録である。仏道修行者はなにに心を配り、どう生きるべきか、どう心得るべきかについて、繰り返して熱心に語られているが、道元が目にした世間のひとびとについての観察も随所に述べられている。この側面では、道元は、日本のモラリスト（人間観察家）の先駆者であったと言える。本書は、1から6に分けられ、全部で99の教えが示されている。

親鸞は、つねに絶対他力の世界を見つめていたが、道元は、徹頭徹尾、自力的な厳しい修行の道を求め、弟子にもそれを求めた。1ノ2にこう記されている。「今生もし学道修行せずは、何れの生にか、器量の物となり、不病の物とならん。只身命をかへりみず、発心修行する、学道の最要なり」(19頁)。山崎訳はこうである。「いま、この一生において、道を学び修行することをしなかったら、どのように生まれかわっても、素質すぐれた人となり、病なき人となることがあろうか。ひたすら、からだのことも、いのちのことも、かえりみず、悟りの道を学ぼうとの心を起し、ひたすら修行することこそ、最も肝要である」(20~21頁)。1ノ3には、仏道を学ぶひとの心すべきことがこう書かれている。以下、原文は省き、山崎訳のみをしるす。「仏道を学ぶ人は、ものをいおうとするときには、いう前に、よくよく考えて、自分のため相手のためになると思ったら、はじめて言葉に出すべきである。よくないと思ったら、いうべきでない。このようなことも、一挙にはできない。心がけて、段々と習熟すべきである」(26頁)。1ノ6では、道元の覚悟がこう語られる。「仏道を学ぶ者は、後日をまって修行しようと考えてはならぬ。ただ、今日ただいまの時を空しくすごすことなく、毎日毎日、毎時毎時、つとめはげまなくてはならぬ」(36頁)。道元が敢えてこう語るのは、一瞬一瞬に集中して、仏道を学ぶことがむずかしいからだ。むずかしいことは、先送りして、怠けてしまいやすい。なぜそうなるのか。1ノ7で、その理由が示される。「努力するか怠けるかの違いは、道を求める志が切実であるかないかの違いによる。志が切実でないのは、無常を思わないからだ。時々刻々、人間は死につつあるのだ。総じて、少しも止ることがない。しばらくでも存命の間、時をむなしく過すことがあってはならぬ」（41頁）。生きているということは、生きている時間が刻々と失われていることであり、道元が言うように、死につつあるということだ。しかし、凡人は、まだまだ先があると思いみなして、ついついいまをうつろにしてしまうのだ。

1ノ8では、仏道の根幹が語られる。「仏道を学ぶ者は、それぞれ自己自身を、かえりみるべきである。自己自身をかえりみるというのは、自分の体と心とを、どのように持したらよいか、とかえりみることである。ところで、禅僧は、これ即ち、釈尊の弟子である。したがって釈迦如来のなされたとおりを、見ならうべきなのである。体の処しよう、口のきき方、こころの保ちかた、すべてについて、目ざめた仏たちが、行ってこられたやり方があるのだ。各人みな、その作法にしたがうがよい」（46～47頁）。自己自身の顧慮とは、釈尊に倣って自己の心身の全体、ふるまい全体を処していくことであるという処方箋が明確に示されている。

本書における道元の人間観察は興味深い。完全無欠なひとはいないし、善いことのみに専念できるひともいない。道元の見立てでは、世間のひとは、とかくひとからよく思われようとするが、その執着のゆえに、思いどおりにはならない（64頁参照）。世のひとはまた、こういうことをすればひとからどう思われるだろうとやたら気に病む存在であるが、他人の目がないところでは、恥ずかしいことや、悪いことをしかねない存在である（152～153頁参照）。道を学ぶ者でも、他人に迷惑をおよぼし、ひとの心を傷つけ、苦しませたりする存在でもあり、荒々しいことばを用いて、ひとを憎んで叱りつけたりする存在でもある（203～204頁参照）。相手のよい面を見ようとせず、一方的に欠点だけをあれこれをあげつらうのもひとの避けがたい特徴である（208頁参照）。

道元は、だれにも見られる欠点として、「おごり高ぶる」（334頁）という傾向をあげている。「自分の身が賤しいものでありながら、人に負けまい、人よりも優れようと思うのは、憍慢はなはだしいもので、これは煩悩の一つである」（334～335頁）。自分の地位や権力を笠に着て、周りのひとの迷惑を気にかけず横柄にふるまうのは憍慢の最たるものであろう。そこまでいかないにしても、相手が自分よりも劣っていると自分勝手に思いこんで、高みに立って相手を非難するのも傲慢というものである。

最後の6ノ24で、道元は座禅を強調している。「悟りの道を学ぶ上で最も重要なのは、座禅が第一である。大宋国の人が、多く悟りを得るのも、みな座禅の力である。（中略）したがって、悟りの道を学ばんとする者は、ひたすら座禅して、ほかのことに関わらぬようにせよ。仏祖の道は、ただ座禅あるのみだ。ほかのことに、従ってはならぬのだ」（337～338頁）。座禅に徹するためには、強固な意志と体力が欠かせない。今日でも、禅寺に入って禅僧の修行に身を投じようとすれば、覚悟が本物かどうかが問われる。入寺が許されたとしても、その後の修行と座禅の日常は厳しい。

親鸞は、修行の道を説くことはなかった。親鸞は、強固な意志などもてないひと、病を抱えているひと、自分が犯す悪行を悔いながらも、それを度々繰り返してしまう自分に絶望しているひとなどに心を寄せて、阿弥陀さまの本願にすがって生きる道を説いた。

道元は、自己への執着を絶つこと、自分の心身を捨て、ひたすら道のために学ぶことを何度でも強調した。我執の力を身にしみて意識していたために、自己否定を語らざるをえなかったのである。しかし、そのことは、道元がいかに自己の存在を警戒していたかを物語っている。

道元について知りたいひとには、田上太秀の『道元の考えたこと』(講談社学術文庫、2001年)がおすすめだ。田上は、大学時代に『正法眼蔵』を読んだが、よく理解できなかった。その後も『正法眼蔵』との正面からの格闘は続いたが、本書では、「勝手口から訪ね、居間に邪魔して道元に面会し、本音を聞き出そうとつとめた」(7頁)という。そのぶん、肩のこらない記述が多く、読みやすい本である。

野上彌生子と与謝野晶子の生涯

――評伝を読んでみよう――

岩

橋邦枝の『評伝　野上彌生子　迷路を抜けて森へ』（新潮社、２０１１年）は、99歳まで現役の作家として活躍した野上彌生子の生涯を詳細にたどった本である。「師・夏目漱石――作家になるまで」、「初恋の人・中勘助――『海神丸』と『真知子』」、「夫・野上豊一郎――欧米の旅」、「山荘独居――戦時中の日記から」、「『迷路』――夫豊一郎逝く」、「老年の恋――田辺元と彌生子の往復書簡」、「『秀吉と利休』――虚構の力」、「友人・宮本百合子――現代女性作家の先駆け」の全8章と、終章の「『森』――白寿の作家として母親として」からなる。

野上彌生子（１８８５〜１９８５）は、大分に生まれた。小学校時代には、ある国学者の私塾で、『古今集』、『枕草子』、『徒然草』、『源氏物語』といった日本の代表的な古典や中国の四書五経などを素読した。その後上京し、明治女学校に入学した。彼女は、6年間の学校生活で「ものを考えること」、「精神的なものを重んじること」、「疑うこと」を学んだと述べている（32頁参照）。

東京にとどまって勉強を続けたいと熱望していた彌生子は、同郷で、まだ大学生であった野上豊一郎と結婚した。3人の子どもが生まれた。夫の豊一郎は、知的な成長をなによりも求めていた彌生子に協力し、存分に勉強できるように配慮した。雇われた2人の女性が主婦の役割を果たした。「彌生子は、三児の母でありながらおむつを一度も洗ったことがなかった」(37〜38頁)。読むことと書くこと、創作することが彼女の生活の中心になった。

漱石門下のひとりであった豊一郎は、彌生子の書いた「明暗」の批評を漱石に依頼した。彌生子が21歳のときのことである。全部で七箇条にわたる懇切丁寧な手紙の批評の第一条はこうである。「非常に苦心の作なり。然し此苦心は局部の苦心なり。従つて苦心の割に全体が引き立つ事なし」(８頁)。漱石は、厳しく批評するだけでなく、作家、文学者になるとはどういうことかを彌生子に伝えた。作家には思索と年齢を重ねることがなによりも大切だと述べたあと、年齢についてこう説いた。「《余の年と云ふは文学者としてとつたる年なり。明暗の著作者もし文学者たらんと欲せば漫然として年をとるべからず文学者として年をとるべし。文学者として十年の歳月を送りたる時過去を顧みば余が言の妄ならざるを知らん》」(同頁)。漱石は、彌生子の力量不足のために作中人物の心理や行動が十分に描ききれていない点を指摘し、人情ものを書くには年をとることが肝心と述べた。後年、彌生子はある講演でこう語った。巻紙に書いた「明暗」批評の手紙は、「《今度計ってみると五メートルの上ありました》」(10頁)。

漱石の真摯な手紙が、彌生子の作家としての生涯を決めた。彌生子は、87歳のときにこう述懐している。「《もし先生が、お前にはとても望みはないから、ものを書くなんてことは断念した方がよからう、と仰しやつたら、私はきつとその言葉に従つたらうと思ひます。さうすれば、作家生活には無縁のものになつてゐたはずです。ところが、さうではなく、いろいろ御親切な教へを受けたこと、わけても、文学者として年をとれ、との言葉は私の生涯のお守りとなつた貴重な賜物でございます》」（同頁）。彌生子は、漱石の「文学者として年をとれ」という親身な忠告を生涯の指針としたのである。彌生子は、43歳のときの日記にこうしるしている。「〈自分の絶対に排斥しなければならないもの、社交、冗語、睡眠不足、飽食、家事的のごたごた。あまりにうれしきこと、あまりに腹立たしきこと、あまりに悲しきこと〉」（21頁）。漱石の忠告を肝に銘じた彌生子は、終始一貫して、文学者として年を重ねるために、ストイックな姿勢を自らに課した。

1945年の8月、彌生子（60歳）は疎開先の北軽井沢の山荘で敗戦の日を迎えた。戦時中も、読書三昧の生活が続いた。ひとびとが日夜の空襲で逃げまどい、戦争の犠牲者が増えていく現実とは離れた場所で、彌生子は「《孤独と静寂が愉しみ》」（89頁）などと日記にしるしていた。戦時中であっても、彌生子は、一日たりとも勉強をおろそかにしなかった。それが可能な環境のなかで、漱石の忠告は守られていた。著者の岩橋はこうしるしている。「彌生子が時流に靡かず節を曲げずに、戦争否定を貫き日本ファシズムに対して批判をつづけた勁さと英知を認めたうえで、彼女の反戦が、孤立のおそれも生計の心配もなく疎開先では《自然への没入と乱読》に遁避できる、という特権的な境遇にガードされていた事実を、けっして見落としてはならない」（89頁）。生計の面でめぐまれた状況があったからこそ、戦争下であっても彌生子はおのれの信念を貫いて生きることができた。彌生子は、1948年まで山荘にひとりで暮らした。その後は、東京と山荘での生活が半々になった。

65歳の彌生子が文学者として生きるために心がけていたのは、日々、より善く生きること、より善く成長することであった。彌生子は、昨日と同じ自分であることを拒否し、最期の眠りにつくまで、自分を違う自分に成長させたいと願ったのである（59頁参照）。

第6章は、哲学者田辺元との恋を扱っている。夫に先立たれた彌生子は、68歳の秋に日記にこう書いている。「〈異性に対する牽引力がいくつになっても、生理的な激情にまで及び得ることを知ったのはめづらしい経験である。これは私がまだ十分女性であるしるしでもある。それだけ若さの証明でもあろう〉」（123頁）。この時期、彌生子の山荘近くで暮らし始めていた田辺も妻と死別していた。ふたりの交流は、次第に情愛の関係にまで深まった。この日記が書かれた4日後に、田辺は「君と我を結ぶ心のなかだちは　理性の信と学問の愛」（128頁）など9首を彌生子に直接手渡した。彌生子は、翌日に返事の手紙を書き、相聞歌「《浅間やま夕ただよふ浮雲の　しずこころなき昨日今日かな》」（同頁）他1首を添えて田辺宅に持参した。

彌生子は、69歳から、田辺山荘で本格的に哲学の講義を受けるようになる。田辺は、哲学の代表的な古典や、自分の書いた『数学基礎論覚書』などを講じた。この講義は、田辺が病臥する1ヶ月前まで、規則的に行われた。

一方で、彌生子は『迷路』を執筆中であった。69歳のときには、田辺に「《一生をかけてたゆまず勉学いたします事によって、一歩づゝでも向上の途がたどれるはづと思ふ事のみが、私のわづかな期待でございます》」（194頁）、「《私は死ぬまで女学生でゐるつもりでございます》」（同頁）と書き送った。2年後に、『迷路』の最終章が書きあげられた。当時の日記には、作品の完成へと導いてくれた豊一郎、阿部能成、田辺元への感謝のことばがしるされている（140〜141頁参照）。

その後、73歳の彌生子は、病臥中に唐木順三の『千利休』を読んで、『秀吉と利休』を書きたいと望んだ。原稿の執筆までに一年をかけて準備し、執筆中も丹念に資料を読みこんだ。『秀吉と利休』は、78歳のときに完成した。この作品は、史実と虚構をたくみに混ぜ合わせた歴史小説の大傑作である。岩橋は、「〈全く日本の作家で七十をこえて立派な本格的な芸術作品を書いてゐる人はほとんどない。私はこの例外でありたい〉」（156頁）という文章を、執筆中の日記のなかから引用している。彼女は、たゆまぬ精進によって、例外者のひとりになった。

彌生子は、87歳から99歳まで長編小説の『森』を執筆した。完結直前の急逝によって、この作品は未完に終わった。100歳を目前にするまで、書くことが続いた。彌生子は、97歳のときに日記にこうしるしていた。「〈書くことによって、考へた以上のものが次第にペンに現はれる。それ故にこそ書き、書きつづけることがペンを執るものには、何より大切なことだ、〉」（209頁）。

彌生子にとって、漱石から求められた「文学者として生きる」ことは、勉強して、考えて、書くことを怠らず、さらにまた、書くことによって現われてくるものを考え直して、書きつぐことであった。そのひたむきな努力が、彌生子を後世に残る文学者へと導いたのである。

茨木のり子の『君死にたもうことなかれ　与謝野晶子の真実の母性』（童話屋、2007年）は、波乱に満ちた女性の生涯の核心部を簡潔にまとめたものである。

与謝野晶子（1878〜1942）は、大阪府堺に生まれた。9歳で漢学塾に通い、漢文の手ほどきを受けた。15歳で堺女学校を卒業した。その頃、『大鏡』、『栄華物語』、『落窪物語』、『源氏物語』といった古典を素読していた。当時は、「原文に直接むしゃぶりついてゆく読み方」（16頁）が普通だった。「わかってもわからなくても、くりかえしくりかえし読んで、自分で著者の魂と面とむかって対話するという方法をとりました」（同頁）。晶子は、家の仕事をするかたわら、古典を読みこみ、自分で詩を読むようになった。上京した兄から送られてくる『若菜集』や『しがらみ草紙』、翻訳書などを読んで、「新しい時代の先端をきる詩歌の動き」（19頁）にも敏感であった。『若菜集』が出た年に、関西では

「浪華青年文学会」ができ、堺にも支部が結成された。『よしあし草』という機関誌が発行され始めた。晶子はこっそり入会し、うたを発表した。他方で、晶子は、株に手を出した父の経済的な失敗のため、一家の大黒柱となって働かなければならなかった。

京都市の岡崎の寺の子として生まれた与謝野鉄幹（1873〜1975）は、その文才を見抜いた母の「東京へでて苦学せよ」（30頁）という激励に従った。1900年には、新誌社を創立して、機関誌『明星』を発刊した。ロマンティシズムあふれる『明星』は、時代をひっぱる文学運動につながった。晶子も同人のひとりとなった。

鉄幹は、「青年文学界」（旧「浪華青年文学会」）の招きに応えて大阪で講演した。晶子は、鉄幹の泊まる旅館にあいさつに出向いた。鉄幹は、弟子の山川登美子を連れてきていた。一目見て、晶子の心は鉄幹に大きく傾いた（35〜36頁参照）。恋に恋する夢見がちな少女は、恋する女性に変身した。

1900年の秋、三人は京都の永観堂でもみじを見たあと、ある宿で一泊し、夜のふけるまで詩を語りあった。その後、晶子は恋情のうたを残した。

清水へ祇園をよぎる花月夜
　こよい逢う人みな美しき（45頁）

なにとなく君に待たるるここちして

出でし花野の夕月夜かな

1901年の6月に、晶子は堺の生家を着のみ着のままで飛び出して、鉄幹に会うために上京した。しかし、鉄幹は先妻との離婚話がもめている最中で、ふたりの生活は順風満帆とはいかなかった。8月に出版された晶子の第一歌集『みだれ髪』には、恋に燃える心情がつづられている。

やわ肌のあつき血潮にふれも見で
　さびしからずや道を説く君　(56頁)

春みじかし何に不滅の命ぞと
　ちからある乳を手にさぐらせぬ　(57頁)

1904年には、旅順口包囲軍の中に在る弟を嘆いた「君死にたもうことなかれ」という長詩が『明星』に発表された。当時賛否両論がうずまいたこの詩は、第二次大戦後、平和を願ううたとして人口に膾炙するようになった。

晶子は11人の子どもの母となった。「『あそこの家は子どもを産みっぱなし。育てているのではない、しぜんに育っていくのだ』」(81頁)と悪く言うひともいた。生活は苦しく、手伝いや子守の女性はたびたび変り、女の子を里子に出すこともあった(81頁参照)。ある日、晶子は長男の光にしみじみと語りかけた。「『わたしが家庭の仕事をしていたら、一家がいきていけないでしょう。だからあきらめている……』」（82頁）。彌生子は、勉強と創作のために家事をひとまかせにしたが、晶子はかせぐために家事を放棄せざるをえなかった。

『明星』はかつての輝きを失っていった。1908年には、リアリズムを強調する『アララギ』が創刊された。自分の役目が終わったと感じた鉄幹は、寛と改名した。次々と離れていく弟子たちを悄然と見送り、次第に落ちぶれていく寛に自信を取り戻してやるために、晶子は外遊をすすめた。1911年に、晶子は、自分のうたを百首書いた金屏風を売ったお金で、寛をヨーロッパに行かせた。しかし、夫恋しさで追いかけたくなり、今度は『源氏物語』の現代訳上巻を出版して得たお金と、中下巻分の前借金で、翌年にシベリア鉄道を経由して夫のいるパリに向かった。異国での生活に慣れ始めた頃、日本に残した子どもたちのことが気がかりになり、マルセイユから船で単身帰国した。

晶子は、日本の外に出て、ヨーロッパ人の行動や考え方を観察することによって、国内の動向や日本人の動きを批判的に見つめる視点を獲得した。帰国後の晶子は、婦人問題や経済、政治、教育問題などに健筆をふるった。

1921年に創立された「文化学院」では古典の講義を担当し、病に臥すまで続けた。『徒然草』、『紫式部日記』、『和泉式部日記』などの新訳を出版し、『日本古典全集』や『新万葉集』の編纂にも尽力した。自伝や小説も書いた。残したうたは5万首にのぼる。

茨木のり子は、しばしば経済的な困窮に苦労することもあった晶子をこう評している。

「晶子ほど、自分の生涯に悔いを残さなかった女性はすくないのではないでしょうか。好きな人に恋をして、そのたったひとりの人を最後まで愛しぬき、十一人の子をもうけ、自分の才能も思うぞんぶん、ありったけ花ひらかせ、たくさんの子と孫にかこまれて、大往生をとげたのです。

女の味わう苦しみも喜びも悲しみも貧乏も、とことんまで、なめつくした人でしたが、自分で決断し、自分で歩きはじめた道でしたから、苦労さえ進んでひきうけられたのでしょう。みごとな一生でした」（118～119頁）。

February　２月―１

現代に響く古代人の声

――哲学者と喜劇詩人――

紀元前六世紀頃、中国には孔子が生まれ、弟子たちは師のことばを『論語』にまとめた。紀元前5世紀頃には、インドに釈迦牟尼（ブッダ）が生まれ、仏教の開祖となった。弟子たちはブッダのことばをいくつかの経典にまとめた。この頃に、エーゲ海やイオニア海のほとりには、ソクラテス以前の哲学者と総称される人たちが生まれ、宇宙の起源と生成、自然や人間について思索を重ね、文章に書き表した。

物理学や化学、天文学、医学といった自然科学の分野では、知識や技術は日々更新されていくが、人文系の学問分野では、過去の思索の遺産はけっして古びない。２６００年も前の哲人たちが語ったこと、書き残したことは、今日読んでも、われわれに響いてくる。人間のありようは、昔もいまもさほど変わらないのだ。

ギリシア喜劇の上演は、紀元前五世紀から始まり、前一世紀頃まで続いたようである。コンテスト形式で上演された。5名の喜劇詩人がそれぞれ一作品を上演し、10名の審査員の判定によって3位までが決まった。この時期の作品の多くは断片しか残っていない。今回は、古代の哲学者と喜劇詩人が残した断片を取りあげてみよう。

廣川洋一の『ソクラテス以前の哲学者』（講談社学術文庫、１９９７年）は、ソクラテス以前か、ソクラテスとほぼ同じ時期に生きて、思索し、それを書きとめた哲学者たちのことばを集めたものだ。第1部「ソクラテス以前の哲学者たち――その思想」は全10章と付録からなり、第2部「ソクラテス以前の哲学者著作断片」は、アナクシマンドロスからプロタゴラスまでの全12章からなっている。第1部は、やや専門的だが、第2部では、血の通ったことばの数々が時を超えてわれわれの目の前に立ちあがってくる。今回は、ヘラクレイトス（前500年頃）と、デモクリトス（前420頃）というふたりの人物のことばを取りあげてみよう。

ヘラクレイトスは、小アジア沿岸のエペソス出身。有力な貴族の家系の出であったと言われる。前3世初頭から、難解な文章のゆえに、「謎をかける人」、「闇の人」と評価されていた。宇宙の成り立ちや、万物の生成、火や水、竜巻などの自然現象について語る一方で、人間の行動についても多くを語った。本書には、全部で129の断片が収録されている。そのなかで、もっとも知られているのが、断片101の「私は、自分自身を探究した」（245頁）である。だれでも思春期になると、程度の差はあれ、「自分はいったいどういう存在なのか」、「自分はなぜここにいて、どこにいくのだろうか」、「自分であるということは、どういうことを意味するのだろうか」といった問いに悩まされるものだ。「自分自身を探究した」というヘラクレイトスは、なにを探究したのか。それは、自分の身体的なありようではなく、自分の魂（心）のありようであった。魂は身体のように空間に位置を占めないし、目で見ることも、手で触ることもできない。魂は物体ではないから、脳のCT画像にも映らない。それでは、魂はいったいどのように理解されうるのか。ヘラクレイトスは、魂をわれわれが自分や他人、世界を感じたり、考えたり、意識したりする働きとしてとらえた。この種の働きは一刻も静止することなく、次々と変化していく。そうした変化は、われわれがこれまで自分が経験してきたことや、現に経験しつつあること、自分以外の人びととの交流や、事物や自然的な世界とのかかわりのなかで変幻自在に生起する。魂の働きは限りない世界を往来しているのだ。とはいえ、この働きは脳の活動や、それに不可欠な酸素を運ぶ血液の流れ、その流れの場所である身体の諸活動がなければ生じない。身体的な活動は、大気や大地、光や水などに支えられている。要するに、魂と身体、人間や動植物が生息する環境と宇宙は相互に影響を及ぼしあっているのである。それゆえに、魂には果てがない。ヘラクレイトスは断片の45でこう述べた。「君は、道行くことによっては、ついに魂の終端《きわみ》（限界）を見出すことはできないだろう、いかに君があらゆる道にそって旅をしようとも。それは、それほど深い規矩《ロゴス》をもっているのだ」（237頁）。

ヘラクレイトスは、この世界でわれわれの魂が他人に対してどのような傾向を示すかに注目した。断片43はこうだ。「暴虐を消すことは、火災を消すこと以上に心すべきこと」（同頁）。暴虐とは、他人に対する残酷なふるまいを意味する。ヘラクレイトスによれば、われわれは、自分のエゴを前面に出して、他人に苦痛を強いる存在である。エゴを横暴にするのは欲情の噴出である。断片の85を見てみよう。「欲情と戦うことはむずかしい。というのも、欲情は、何であれ己の欲するものを生命（魂）を賭して購うものだから」（243頁）。われわれの魂には、欲情という、ときに凶暴な力を噴出させるまがまがしいものが潜んでいる。欲情の源泉は、飢えを満たそうと欲する身体である。欲情は発作的に出現して、人と人との関係に亀裂をもたらす。

しかし、われわれの魂はいつも欲情に翻弄されるわけではない。魂には、おのれの働きに一定の秩序をもたらす傾向も認められる。断片の112はこう告げる。「思慮の健全さこそ最大の能力であり、知恵である。それはすなわち物の本性に従って理解しながら、真実を語り行うことなのだ」（247頁）。欲情が唐突に火を吹くときに、邪悪な本性がむきだしになり、冷静な思慮は失われる。欲情が主役の舞台はいたるところで繰り広げられる。だからこそ、用心して、思慮が健全なものになるように努めなければならない。断片の116は、そのことを改めて強調している。「自己を認識すること、そして思慮を健全にたもつことは、すべての人間に許されていることなのだ」（248頁）。この断片は、「私は、自分自身を探究した」という断片101と響き合っている。

デモクリトスは、エーゲ海北岸のアブデラ出身。異説もある。倫理学、自然学、数学、音楽、技術などに関して膨大な著作を書き表したが、われわれの手元にはわずかな断片が残されているのみである。周辺のひとびとを観察し、人間の行為の特徴について意見を述べたものが多い。そのいくつかを取りあげてみよう。

まず断片の40を引用する。「人びとが幸福であるのは、身体によるものでも、財産によるものでもない。むしろ心の正しさと思慮深さによるのだ」(320頁)。昔もいまも、幸福の基準を健康や金銭的豊かさに求めるひとは少なくないが、幸福と心の正しさや思慮深さを結びつけて考えるひとはめずらしい。古代も現代と同様に、心の正しいひとや思慮深いひとよりも、心の不正や思慮の浅さが露見するひとびとの方がはるかに多い。こうしたひとびとに関するデモクリトスの観察は辛らつだ。断片50「骨の髄まで金銭の奴隷となっている者は、けっして公正ではありえない」(321頁)。断片52「自分を知者だと思い込んでいる人に忠告しても無益なことだ」(同頁)。断片66「あとで後悔するよりは、行為に先立って、まえもってよく熟慮するほうがいっそうよい」(323頁)。断片80「他人のことにはせわしなく首をつっこむが、自分のことにまったく無知であるのは、恥ずべきことである」(325頁)。断片91「すべての人びとにたいして、邪推深くではなく、慎重に、しかも断乎たる態度で臨め」(327頁)。

デモクリトスは、われわれの愚かしさ、滑稽さ、ぶざまさなどに厳しく診断を下す。彼は、エピクテトスやラ・ロシュフコー、パスカル、フランスのモラリストたちの先駆者である。断片86「(自分では)あらゆることいっさいを話しながら、(人の言うことを)聞こうとしないのは、貪欲というものである」(326頁)。自分のことを一方的にしゃべり、相手が話しだすとたんに目が泳ぎ始めるひとはいかに多いことか。断片196「自分自身の悪いところを忘れることは、厚顔無恥を生む」(343頁)。われわれは、他人の欠点にはすぐ気づきとやかく言うが、自分の悪い面にはほおかむりをしてしまうあつかましい存在なのだ。

デモクリトスは、われわれがしばしば破廉恥なことをしでかす存在だともいう。断片84「破廉恥なことを為す者は、まずなによりも自己自身に恥じなければならない」(326頁)。しかし、現実には、破廉恥なことをしても、それが破廉恥なことだと気づかず、したがって、自分に恥じることはないのだ。他人の目があるときには、自分にブレーキをかける人でも、ひとりになると卑しいことをしてしまう。断片244「卑しいことは、たとえ君がただひとりでいるときでも、言ったり行ったりしてはならない。他の人びとにたいしてよりも、もっと自分自身にたいして恥じることを学べ」(350頁)。ここで現われる「君」に、デモクリトス自身も含められているとすれば、自戒の意味もこめられた一文になる。モンテーニュも、『エセー』のなかで、ひとはひとりになると紳士的なふるまいから逸脱しやすいと述べていた。「後悔について」のなかでは、こう述べた。「重要なのは、すべてが許され、すべてが隠されている心のうちで、つまりは、内面において規律正しいことなのだ」(『モンテーニュ　エセー抄』みすず書房、２００３年、94頁)。裏返して言えば、誰も見ていないとき、あるいは誰にも見えない場所で、秩序を保つことはきわめてむずかしいのだ。

デモクリトスは断片149でこう述べた。「(君が心の内部を開いてみれば)禍悪で充ちた、色どりも雑多で、悩み多い宝蔵、あるいは宝庫といったもの（を見いだすだろう）」（333頁）。われわれの心のなかには、自分や他人に禍や悪をもたらし、苦しめるような素因が潜んでいる。それゆえに、われわれは厚顔無恥な存在と化し、破廉恥なことをしでかしてしまうのである。断片175ではこう語られる。「神々は人間どもに、昔も今も、あらゆる善きものを授け給う。だが、悪しきもの、害あるもの、無益なものはいっさい、これを、神々は人間どもに、昔も今も、与えたまうことはないのだ。むしろ人間どもの方が、知性の盲目と無思慮から、その種のものに自ら近づくのである」（338頁）。人間は神とは異なり、不完全で、知性を欠き、思慮の浅い存在であるがゆえに、自分にも他人にも害悪をまき散らすのだ。

したがって、他人にも自分にも警戒を怠ってはならない。とりわけ用心が必要なのは、他の人よりはむしろ自分自身である。断片264「自分自身より以上に、他の人びとを恐れてはいけない。また、誰ひとり見るはずがなかろうと、万人が見ることになろうと、（自分自身より以上に、他の人びとを）傷つけるようなことをしてはならない。むしろ、何よりも自分自身を恐れなければならない。そしてこのことを、魂のうちに掟として据えおかなければならない。そうすれば、ふさわしからぬことは何ひとつ仕出かさなくなるのだ」（354頁）。破廉恥なことや無様なことをしかねない自分を恐れ、それを妨げる掟を魂のなかに据えつけることができるのは、「知恵」（断片31）、「思慮」（断片58）、「深い知性」（断片65）、「沈着な知恵」（断片216）、「理性」（断片146）のお蔭である。ただし、これらの働きは、活発にするための習練を怠れば、さびついてしまい、害悪の横行を許すことになる。パスカルは、人間は理性と情念の戦争状態にあると述べたが、デモクリトスはそうした見方を先取りしていたと言えよう。

ギリシア喜劇全集編集部編『ギリシア喜劇名言集』(岩波書店、２０１５年)には、岩波書店版『ギリシア喜劇全集』全九巻に収録された「ことば」や「せりふ」の一部が選ばれている。古代の哲学者たちが残した断片には、高みにたって人間を見下したかのような表現や、人間のふるまいを糾弾するような言い方が目立つが、「喜劇名言」の方は、市民や奴隷、女性の目線から語られるものが多く、人間、生、食事、お金、性、飲酒、糞尿譚など話題は豊富で、楽しめる。なにより説教臭がなく、堅苦しさがないのがいい。哲学に対するシニカルな視線も面白い。話題に応じて、ⅠからⅤに分類してある。いくつか引用してみよう。

まず、人間について。「誰も自分の悪いところははっきりと見すえないが、他人がへまをすると目ざとい」(４頁)、「貪欲は人間にとって最大の害悪である」(13頁)、「魂の病は、機が熟せば起こる。一撃された人は深々と傷を負う」(同頁)。「生きとし生ける者たちよ、諸君は愉快に暮すのを放棄して／なにゆえに相互に戦闘をくりかえして人生を不幸にすることばかりを考えるのか」(67頁)。「ああ、どうして人間の本性は、総じて劣悪であるのだろう。／法律など、必要のないはずのものであったのに」(80頁)。人間の愚かさをたしなめる点では、喜劇詩人も哲学者も変わらない。

次は酒の話。「どうやらぶどう酒にも理性があるようだ、／水しか飲まない人間にも愚か者が何人かいるから」(103頁)。「飲むと碌なことはない。戸を破る、殴り合う、物を投げる、皆酒から出るのだ。／そして二日酔いの挙句に、罰金を払わねばならぬ」(106頁)。「生きるとは一体なんだろうね、君はどう思う。／……私の考えでは、呑むことだ」(109頁)。酒の飲み方次第で、人間関係が円滑になったり、険悪になったりと、今も昔も変わらないひとの姿だ。

その次は、快・苦・喜・怒について。「あらゆる人に心配と苦労がつきまとう。しかしわれわれの生活は、笑いと贅沢の中にある。／ここでの一番大きな仕事は子供にもできることで、／大笑いすることと、人を嘲けることと、大酒を飲むことだ。／愉快ではないか。私にとって金持ちになることに次いでよいことだ」(144頁)。「よくよく省察してみれば、生きとし生けるものの中で、人間は飛びぬけて惨めな生き物だ。／人生はすべてが徒労であり、不如意なことばかりで、苦労は一生続く」(147頁)。苦労の避けられない人生だからこそ、飲んで、笑って、馬鹿騒ぎもしたくなるのだ。

おしまいに、人間は理性と情念の間で引き裂かれているという話。「思慮が具わっていれば必ず首尾よくいくというわけではない。／狂気を分かち合わねばならぬ時もあるものだ」(151頁)。「必要でもない時に哲学を語る君は愚か者だ」(151頁)。「たとえひどい苦痛を受けても、興奮のあまり、性急に事をなしてはならぬ。／思慮ある者はとりわけ、動揺の中にあっても、非理性的な怒りにうち克たねばならぬ」(152頁)。「色情に燃えている者は正義など考えもしない」(159頁)。

意味不明だが、なんとなく気になる断片を追加しておこう。「蛸のようにわたしは自分を食べる」(184頁)。哲学もしょせん蛸つぼのなかにこもって自分の足を食べている蛸の所業と言うべきか。答えに窮したら、蛸を肴に一杯やろう。

センス・オブ・ワンダー

――レイチェル・カーソンの遺言――

レイチェル・カーソン（1907〜1964）は、当時約2500人の住むアメリカの小さな町で生まれた。幼年期には、母親とともに、周囲の自然に親しみ、自然の神秘的なまでの美しさに見入った。母親からは、人間も生きものも相互に依存して生きていることや、すべての生命が美しく輝いていることを教えられた。この時期の経験が後年のカーソンの発想の基礎をつくった。少女時代から作家をめざし、女子大学では文学部に所属した。しかし、生物学に魅了され、科学者への道を求めるようになった。ジョンズ・ホプキンズ大学大学院に進学し、動物発生学を専攻し、海洋生物の研究にも着手した。修士課程を終了後、アメリカ商務省の漁業局の生物専門官に採用された。彼女は、公務員生活をしながら、海の生きものや、海とかかわりの深い鳥の生態を探究して、「海辺」、「カモメの道」、「川から海へ」の3部からなる『潮風の下で』（1941年）にまとめた。この本とともに、「海の生き生きと描いたこの本は評判になり、作家への道が開かれた。この本とともに、「海の三部作」と呼ばれる『われらをめぐる海』（1951）、『海辺』（1955）はベストセラーになった。

カーソンは、ある日、読者から一通の手紙を受けとった。殺虫剤（DDT）が空中に散布されたのちに、自分の庭にやってきたコマツグミが死んでしまったと書かれていた。この手紙を契機にして、彼女は、1962年に、4年の歳月をかけて『沈黙の春』（青木簗一訳、新潮文庫［81刷］、2020年）を書きあげた。膨大な資料を読みこんで、化学物質が食物連鎖を通じて生態系の全体におよぼすリスクを明らかにし、環境汚染による深刻な危機を予見した。この本は、産業界からの批判をうけ、賛否両論を巻き起こす。この本の趣旨は、冒頭に引用されたE・B・ホワイトの文章に端的に示されている。「私は、人類にたいした希望を寄せていない。人間はかしこすぎるあまり、かえってみずから禍いをまねく。自然を相手にするときには、自然をねじふせて自分の言いなりにしようとする。私たちみんなの住んでいるこの惑星にもう少し愛情をもち、疑心暗鬼や暴君の心を捨て去れば、人類も生きながらえる希望があるのに」（7頁）。はるか昔、ソポクレスは『アンティゴネー』という悲劇を書き、おしまいでコロス（合唱隊）に、思慮を欠き、奢りたかぶる人間の大言壮語は、やがてひどい打撃を受けることになると歌わせた（『ギリシア悲劇II』、ちくま文庫、1986年、218頁参照）。『沈黙の春』は、ソポクレスの予言が的中したことのあかしであり、地球環境や環境汚染問題を考えるひとにとってはいまもなお必読の書である。

カーソンは、この本を執筆中にガンに冒され、余命が限られたなかで出版にこぎつけた。彼女は、ある雑誌に「あなたの子どもに驚異の目をみはらせよう」というタイトルで掲載された自分のエッセー（1956年）に手を加え、本にすることを最後の仕事と考えた。しかし、その仕事は、1964年の死によって中断した。

『センス・オブ・ワンダー』(上遠恵子訳、新潮社、1996年)は、彼女の遺志を友人たちが受けつぎ、一冊の小品にまとめたものである。生きものや自然に対するカーソンの讃歌が、やわらかく、美しい文章で表現されている。原書では、メイン州の林や海辺、空などの写真が収められているが、邦訳では、写真家の森本二太郎が撮影した長野県や新潟県の自然や植物の写真が12枚挿入されている。

この本にはふたつのメッセージがこめられている。ひとつは、子をもつ親に向けられたものである。「生まれつきそなわっている子どもの『センス・オブ・ワンダー』をいつも新鮮にたもちつづけるためには、わたしたちが住んでいる世界のよろこび、感激、神秘などを子どもといっしょに再発見し、感動を分かち合ってくれる大人が、すくなくともひとり、そばにいる必要があります」(23〜24頁)。「センス・オブ・ワンダー」は、「神秘さや不思議さに目を見はる感性」(23頁)と訳されている。カーソンによれば、われわれは大人になるにつれて、「自然という力の源泉」(同頁)から遠ざかり、「つまらない人工的なもの」(同頁)に夢中になりがちである。だから、彼女は、子どもといっしょに空を見あげて、夜明けやたそがれの美しさや、流れる雲、夜空の星を見つめること、風の音をきくことを親たちにすすめる。「雨の日には外にでて、雨に顔を打たせながら、海から空、そして地上へと姿をかえていくひとすじの水の長い旅路に思いをめぐらせること」(27頁)、「公園やゴルフ場などで、あの不思議な鳥の渡りを見て、季節の移ろいを感じること」（同頁）、台所の植木鉢にまかれた一粒の種が芽を出し、成長する植物の神秘にふれて、いっしょに子どもと考える機会をもつことや、親子で自然の奏でる音を聴いて語り合うことなどができればすてきだ（同頁参照）。「雷のとどろき、風の声、波のくずれる音や小川のせせらぎなど、地球が奏でる音にじっくりと耳をかたむけ、それらの音がなにを語っているのか話し合ってみましょう」（38頁）。ありふれたつまらないものと思っていたものを、いっしょに虫めがねでのぞいてみることもおすすめだ。雪の結晶、浜辺の砂、森の苔、池の水草や海藻、木の芽や花のつぼみ、咲きほこる花などを虫めがねで拡大してみると、「自然のいちばん繊細な手仕事」（32頁）に接することができ、われわれは「人間サイズの尺度の枠」（34頁）から解放されるという（32〜34頁参照）。

もうひとつのメッセージは、最初のメッセージから必然的に導かれてくるものだが、われわれひとりひとりに向けられている。周囲のすべてのものに対する感受性に磨きをかけ、感覚の回路を開き、目や耳、鼻、指先で世界を学び直すよう、彼女はわれわれに促している（28頁参照）。学びなおすためには、なによりも注意深さが欠かせない。カーソンはこう述べる。「目にはしていながら、ほんとうには見ていないことも多いのです。見すごしていた美しさに目をひらくひとつの方法は、自分自身に問いかけてみることです。／『もしこれが、いままでに一度も見たことがなかったものだとしたら？　もし、これを二度とふたたび見ることができないとしたら？』と」（同頁）。われわれは刻々と変化する存在であり、自然界で起こることも瞬時に変わっていく。それゆえに、どの出会いもただ一度限りのものであり、まさに「一期一会」である。しかし、そのおごそかな事実を真摯に受けとめることは少ない。われわれは、いま見たり、聞いたりしているものは、また何度でも見聞きできると思いこみがちで、いましか経験できないのだという緊張感が薄れ、いま見ているものを心をこめて見ることができなくなる。見えているものを本当には見ず、その貴重な意味を見逃してしまうことになるのだ。

カーソンは、生きものたちが奏でる音楽にわれわれを招待する。「虫のオーケストラは、真夏から秋の終わりまで、脈打つように夜ごとに高まり、やがて霜がおりる夜がつづくと、か細い小さな弾き手は凍えて動きが鈍くなっていきます。そして、とうとう最期の調べを奏でると、長い冷たい冬の静寂のなかへひきこまれていきます」（40頁）。「庭の小道に沿ったあたりからは、楽しそうなリズミカルな、ジーッ、ジーッという音がきこえてきます。それは、暖炉で薪がはじける音や、猫がのどを鳴らす音と同じように、なじみ深い家庭的なひびきです」（42頁）。彼女が「『鈴ふり妖精』」（同頁）と呼んでいる虫は、「小さな小さな妖精が手にした銀の鈴をふっているような、冴えて、かすかで、ほとんどききとれない、言葉ではいいあらわせない音」（同頁）を聞かせてくれる。広い空を飛び、仲間同士がはぐれてしまわないように呼びかわす渡り鳥は、「鋭いチッチッという音や、シュッシュッというすれ合うような音」(44頁)で低く鳴く。精妙な音の描写がすばらしい。こうした虫の音は、都会に住んでいても、近くの公園や草むらに行って耳を澄ませば聴くことができる。庭の木に飛んでくる鳥たちのさえずりに耳を傾けるのもいい。しかし、忙しさにかまけ、自然と交流する機会がもてないと、生きものの声は聞こえてこない。

この小品のおしまいの方で、カーソンの信念が述べられている。彼女によれば、地球の美しさや神秘を感じとれるひとは、人生に飽きて疲れたり、孤独感にさいなまれたりすることはない。たとえ生活苦や日常的な心配事が絶えないとしても、そうした神秘に接することで内面的な満足感と生きる喜びに通ずる小道を発見できれば、死ぬまで生き生きとした精神力を保つことができる(50頁参照)。楽天的な見方にも見える。いったいどれだけのひとがカーソンの言う地球の美しさと神秘を感じとれるだろうか。気候の温暖化によって氷河は崩壊し、森林火災や豪雨も多発している。放射性物質やプラスチックによる大地と海洋の汚染も続いている。人間の利益追求のために森林は破壊され、生きものたちは住家を追われている。地球の美しさは失われる一方である。経済優先の多忙な生活に追われていると、夜明け前の鳥たちの音楽に耳をすますことも、沈みゆく太陽と雲のつかの間の共演に目を奪われることもなくなる。地球の神秘を感じとることは、日々困難になってきている。

『センス・オブ・ワンダー』はこう結ばれている。「自然にふれるという終わりのないよろこびは、けっして科学者だけのものではありません。大地と海と空、そして、そこに住む驚きに満ちた生命の輝きのもとに身をおくすべての人が手に入れられるものなのです」(54頁)。カーソンにとっての地球は、水や土や空気や風に支えられた無数の生命が輝く星であった。

かつて、ゲーテは、大気につつまれた地球を、絶え間なく息を吸い、息を吐いている大きな生きもののように考え、地球の呼吸と大気や水蒸気の動きとをむすびつけていた(エッカーマン『ゲーテとの対話』(上)、山下肇訳、岩波文庫、374頁参照)。

長田弘という詩人はこう詠った。

今日、あなたは空を見上げましたか。
空は遠かったですか、近かったですか。
雲はどんなかたちをしていましたか。
風はどんな匂いがしましたか。
樫の木の下で、あるいは欅の木の下で、
立ちどまったことがありますか。
街路樹の木の名を知っていますか。

樹木を友人だと考えたことがありますか。
夜明け前に啼きかわす
鳥の声を聴いたことがありますか。
ゆっくりと暮れてゆく
西の空に祈ったことがありますか。

（詩・長田弘　絵・いせひでこ『最初の質問』、講談社、2013年より）

ゲーテのように、生きて呼吸している地球というイメージを抱き、長田のように、空や雲、風や木、鳥の声との、そのつど一回限りの出会いを心にきざむ経験を生きることができれば、カーソンの言う「自然にふれるという終わりのないよろこび」を味わえるのかもしれない。自分のなかに閉じこもることをやめ、感受性を外へと開いて生きるあり方こそが、環境破壊の進むいまこそ求められているのだ。

多田満の『センス・オブ・ワンダーへのまなざし　レイチェル・カーソンの感性』（東京大学出版会、2014年）は、自然、科学、芸術、生命、社会と「センス・オブ・ワンダー」とのかかわりに焦点を定めて、自然観や社会観、生命観などを多岐にわたって検討している。カーソンの世界を多面的な観点から見るために有益な一冊である。多田は、カーソンの環境思想で強調されている特徴を以下の6つに集約している。1．神秘さや不思議さに目をみはる感性（Sense of Wonder）、2．生命に対する畏敬の念（Sense of Respect）、3．自然との関係において信念をもって生きる力（Sense of Empowerment）、4．科学的な洞察（Sense of Science）、5．環境破壊に対する危機意識（Sense of Urgency）、6．自主的な判断（Sense of Decision）（6〜8頁参照）。カーソンの思想の射程を考えるうえでも大いに参考になる。

本書では、カーソンの自然観と類縁性をもつ何人かの人物とその思想が紹介されている。『ウォールデン――森の生活』を書いたヘンリー・デイヴィッド・ソロー、自然の生態系の尊重を説いた社会学者の鶴見和子、人間は自然の一部だと強調し、人間中心主義から生態系中心主義への転換を唱えた倫理思想家のアルド・レオポルド、詩人のエマソン、水俣のひとびとの切実な声を世界に届けた作家の石牟礼道子、複合汚染の実態を描いた有吉佐和子などである。空海や南方熊楠のエコロジカルな観点にも言及されている。

いまや、世界は危機に瀕している。今日の地球には、膨大な数の新規化学物質や多種多様な合成物質があふれ、海や空や大地の汚染には歯止めがかからない。かつて、石牟礼道子は、原発事故の直後に、この国を「毒死列島」と表現した。人間もふくめて生きものには生きにくい過酷な環境が拡大しつつある。本書の第6章「社会――技術文明とセンス・オブ・ワンダー」は、『沈黙の春』の予見の確かさを指摘し、現に進行中の危機をさまざまな角度から検証している。今後も汚染と破壊が繰り返されれば、この先なにが起こり、どういう事態が訪れるのか。崩壊を食い止めようとする欧米の若者の運動のひろがりに期待しつつも、楽観的な予測を可能にする要素は限りなく少ない。

本書は、危機的な現状をどのように受けとめ、われわれがなにを考え、なにをすべきかについて貴重な提言をおこなっている。じっくり読んで、現に進行する事態を見つめながら、環境と生きもののかかわり方を考えてほしい。

March　３月―１

アメリカの一断面

――スタンフォード大学管見――

星友啓の『スタンフォード式生き抜く力』(ダイヤモンド社、2020年)は、スタンフォード大学・オンラインハイスクールの校長としてシリコンバレーで暮らす星が、世界最先端の科学的知見を参照しながら、「生き抜く力(The Power to Survive)」とはなにかを語ったものである。

本書は、「スタンフォード、シリコンバレーの世界最先端科学と『生き抜く力』」、古今東西『生き抜く力』の思想史」、「スタンフォード式『生き抜く力』の磨き方」、「『ハーバード×スタンフォード』極上『コラボ力』で最高の人間関係をつくる」、「世界の天才たちもやっているコミュニケーション力の鍛え方」、「スタンフォード式『許す力』で世界中の〝天敵〟を思いやる」、「スタンフォード大学・オンラインハイスクールから実況生中継！　本当の幸せの見つけ方を科学する」の全7講からなる。

第1講は、2014年の卒業式でエンパシーの大切さを強調したビル・ゲイツとメリンダ・ゲイツ夫妻の話題から始まる。エンパシーとは、相手の心に共感する力である(17頁参照)。2006年には、当時上院議員だったバラク・オバマがノースウエスタン大学の卒業生に対して、「私たちの今生きている文化は、エンパシーの気持ちを削いでしまう。……私は君たちがそうした傾きに流されないでほしい」(18頁)とメッセージを送っていた。アメリカでは、近年でも、エンパシー(相手の立場に立って、相手を思いやる働き)を重視するビジネスパーソンが少なくない。たとえばインスタグラムの共同創業者のマイク・クリーガーもこう述べている。「エンパシーはデザインのプロセスのカギとなる。特に自分の殻を打ち破って、新しい言語、文化、年代などに向かい合ったときに」（24頁）。

つづいて、スタンフォード大学「思いやり利他行動研究教育センター」の科学ディレクターのエマ・セパーラが2013年に述べたことばが紹介されている。「何度となく脳科学や進化心理学などにおける研究が示してきたことは、『思いやり』がまさに進化の結果生まれた人間の本質であるということです。（中略）10年ほど前には少数で、単に興味深い程度だった研究が、今では、科学の一大ムーブメントとなって、私たちの人間観を変えようとしています」（29頁）。このセンターは、チベット仏教の指導者ダライ・ラマの寄付により設立され、人間の思いやりや利他性を、心理学、脳科学、医学などの視点から分野横断的に研究している（30頁参照）。

アメリカのいくつかの大学の高齢者研究によると、ひと助けする高齢者はそうでない高齢者よりも長生きする、自分への見返りを期待せず、相手のことだけを思いやってひと助けすれば長寿の可能性が高まる、といった報告がなされている（35頁参照）。カリフォルニア大学バークレー校「よりよい人生センター」のダッカー・ケルトナーらは、「ベガス神経（迷走神経）」に注目し、この神経が共感や思いやりといった利他的な感情と、体内に起こる生理学的な現象を結びつけていることを明らかにしている（40頁参照）。ひと助けは、それをするひとの健康にもよいことが科学的に証明されつつあるのだ。

アメリカであれ、日本であれ、弱肉強食の社会、熾烈な競争社会では、他人を心から思いやり、他人の苦しみや悲しみに共感し、他者との共存を願うひとは多くはいないだろう。しかし、自社の繁栄や自分の利害だけに関心を払い、他の会社や他人を競争相手としか見なければ、終始落ちつかず、ストレスや不安が高まることは避けられない。

第２講では、ひとを思いやること、共感することの大切さをなによりも訴えたひととして、ダライ・ラマ、第266代ローマ教皇フランシスコ、『武士道』を書いた新渡戸稲造、孔子、ヒュームなどの考え方が紹介されている。

第３講は、「生き抜く力」を活性化するために必要な三つの要素（「聞き取る力」、「共感する力」、「与える力」を呈示している。星によれば、相手の話すことをしっかりと聞きとるためには、受身的に聞くことを避け、対話に積極的参加することが必要だ。相手の発言をパラフレーズして確認し、相手の気持ちに共感しながら聞くことも欠かせない。相手の話に集中していることを表情や身ぶり、手振りなどで示すことも大切であり、相手の考えを決めつけたりと、話の腰を折ったりするのは厳禁だという。

「共感する力」を養うのは、「思いやり瞑想」（「自分を心からいたわる気持ちから始め、身近な人たち、見知らぬ人たち、すべての人たちへと思いやりの輪を広げていくメンタルトレーニング」（96頁）が最適であると星は言う。このトレーニングは、心理学や脳科学によって、リラクゼーション効果や、ストレス耐性をあげる効果があると確認されている。

「与える力」は、親切な行動をして、それを振り返るという「親切リフレクション」を通じて養われるという。星は、週に1日、「親切の日」をつくり、ひとのためになることを5つ行い、その日の最後に、自分がどんな親切を、誰のためにしたのか、なぜそうした行動をとったのか、結果としてどのような気持ちになったかなどについて振り返ってみることを提案している。この種の親切行動のエクササイズによって、実際に親切な行動をする心の習慣が形成され、「与える力」が養成されていく。

第5講は、コミュニケーション力を鍛えるための実践的なアドヴァイスが満載である。だれもが、コミュニケーション力は大切だと認識しているだろう。しかし、複数のひとの前で発表することや、食事会や飲み会で話をしたり、世代が異なるひとと会話したりすることが苦手なひとは多いはずだ。どうすればコミュニケーション力がつくのか分からないまま、途方にくれているひともいるだろう。そういうひとのために、ポジティブ心理学の第一人者のクリスティーン・ネフが唱える「自分をいたわる力（Self-Compassion）」が紹介されている。ネフによれば、この力の第1要素は、「自分にやさしくすること」（154頁）であり、第2の要素は、「『不完全であることが人間である証である』と意識すること」（155頁）であり、第3要素は、「マインドフルネス、つまり、自分の感じていることそのものを受け入れること」（同頁）である。この力の養成がコミュニケーションの苦手意識を克服することにつながるという研究報告も出ている。ネフの主張を要約すればこうだ。自分が苦手な経験をする場合、失敗や挫折はつきものであるが、そこで落ちこんで自分に見切りをつけるのではなく、失敗という経験を見つめなおし、それをどうプラスの方向に切り替えていくかをよく考えて行動することが大切だということだ。本書の巻末に、ネフが考案したエクササイズ「1回5分！　自分いたわりブレイク」が紹介されているので、関心のあるひとは、そちらを参考にしてほしい。

第7講の最後には、スタンフォード大学で心理学を教えていたフィリップ・ジンバルドーが提唱した、生きがいにみちた人生を過ごすための7つのヒントが紹介されている（250〜253頁参照）。1．過去・現在・未来をバランスよく使いこなす。過去にひきずられて、現在をおろそかにするのも、未来を考えずに現在を過ごすのもよくないということだ。2．生涯をかけて学びを大切にする。3．「情熱リスト」で自分の情熱を育む。熱意を持ってとり組んでいることや、情熱が向く将来の目標を書きとめて、より情熱的な人生をめざすことである。4．シャイな自分を捨て、社会でみんなとつながる。5．自分をリメイクし続ける。漫然と生きる態度を自己批判して、不断に自分を作り変えていく姿勢を保つことである。6．社会派の「はみ出し行動」を大切にする。周りに気を使い、同調圧力に屈するあまり、したいことができないという状況を自分で打破することである。7．社会の変化に貢献するヒーローを志す。エンパシーと思いやりを心の中心に置き、日々、積極的に行動して、社会がよい方向に変化するように努めることである。ヒーローとは、助けを必要とするひとびとのために、リスクやコストをいとわず行動できるひとを指す。ここにあげた7つのヒントのどれでもよいので、自分の生活に活かそうとすれば、変化が起きてくるだろう。

本書は、自分で生きること、他者とともに生きること、働くこと、生活を豊かにすること、利己性と利他性、エンパシーと思いやりといった問題について考える数々のヒントを提供している。生き方や働き方が激変する時代に、学生として、社会人としてどう生き抜くかを考えるうえで大いに参考になるにちがいない。

スティーヴン・マーフィ重松の『スタンフォード大学　マインドフルネス教室』（坂井純子訳、講談社、２０１６年）は、自分の授業内容をまとめたものである。著者は日本で生まれ、米国で育った。スタンフォード大学で心理学を教えている。

本書は、プロローグ、「念（Mindfulness）」、「初心（Beginner's Mind）」、「本当の自分（Authenticity）」、「絆（Connectedness）」、「聴く力（The Heart of Listening）」、「受容（Acceptance）」、「感謝（Gratitude）」、「義理、人情、責任（Responsibility）」の全8章、エピローグからなる。

第1章「念」は、マインドフルネスへの招待である。近年、日本でも、マインドフルネスに関心を示す人が急速に増えている。アメリカでは、１９７９年に、分子生物学者のジョン・カバット・ジンによって、マサチューセッツ大学医療センターで「マインドフルネス・ストレス低減プログラム」が初めて導入された。いまでは世界中の200を超える医療センターで実施されている（27頁参照）。２０１４年の2月3日発行のタイム誌で、「マインドフルネス・レボリューション」宣言がなされた。マインドフルネスは、さらに、教育、舞台芸術、法律、リーダーシップ、ビジネスなどのさまざまな分野で取り入れられている。（28～29頁参照）。

著者の説明によれば、マインドフルネスとは瞑想、精神の集中、感情のコントロールといった意味をもつ（26頁参照）。心が外へ、外へと分散し、休みなく動いている状態にブレーキをかけ、「いまとここ」に精神を集中させ、ひたすら自分と向き合う時間を生きること、それがマインドフルネスである。「マインドフルネスとは自分が何者であるかを探り、自分の世界観と自分のいる場所を問いながら、意識を目覚めさせて自己や世界と調和して暮らすことなのである」（35～36頁）。マインドフルネスを通じて、われわれが先天的に備わっている共感力や、思いやり、親切心によって互いに深く結びついていることが分かってくると、著者は言う（同頁参照）。先述した「マインドフルネス・ストレス低減プログラム」開発者のジョン・カバット・ジンによれば、マインドフルネスとは、「意識的に、今という瞬間において、価値判断を加えることなく、注意を払うことである」（37頁）。

著者は、マインドフルネスの主要な方法をAwareness（気づき）、Being（存在すること）、

Clarity（明瞭さ）で示している（39〜40頁参照）。「気づき」とは、自分の考えていることやしていること、自分の心や体の中で起きていることなどを意識することである。「存在すること」とは、性急な思考を一時的に中断して、自分の経験とともにある状態を維持することである。「明瞭さ」とは、自分の生活のなかで起きているどんなことにも注意を向けて、眺めることであり、あるがままに物事を見ることである。

スマートフォンに病みつきになり、暇さえあれば小さな画面を見入る生活をしていると、「いまとここ」に意識を集中させて、自分の呼吸や自分のなかで起きていることに注意を払うことはむずかしい。マインドフルネスは、多忙な生活で憔悴したひとに、「ペースを落とし、心をからっぽにすること」（28頁）をすすめる。情報の洪水に押し流されて消耗しないための自衛策である。それが健康だけでなく、ビジネスにも好影響をもたらすことに注目する企業も増えている。

第3章「本当の自分」では、クラスでの第1回目の授業風景が紹介されている。著者は、学生たちに「あなたは誰ですか」（95頁）という質問をし、意見が出やすいように、「NY式ハッピー・セラピー」というコメディ映画の一部を見せる。セラピーグループの会話の場面だ。ファシリテイターから「君は誰だね」と問われたディヴは、自分の肩書き、趣味、性格を答えていくが、「『「私が知りたいのは、君が誰かということなんだよ」」（96頁）と言われて、『あんたが何を言わせたいのか分からないんだよ！』」（97頁）と激高する。この場面を通して、「自分が本当のところ何者なのか」という問いは、見かけほど単純ではないことが示されている。

著者は、この問いの意味を学生がより深く理解するために、自分が何者かを示す10の単語を書いて、3、4人のグループで話し合ってもらったり、自分が誰であるかを説明するにふさわしい物を持参してもらって、その説明を求めたりしている。こうした授業を通じて、「心に浮かぶ自分の気分や思いに気づくことができれば、その気分を自分がどう考えるか知ることにもなる」（98頁）と、著者は考えている。自己認識のすすめだ。

「本当の自分なんてあるはずがない、幻想にすぎない」と性急に断定する人もいるだろう。著者によれば、「本当の自分」を探すためには、いくつものステップを必要とする。すなわち、「マインドフルになる」、「深い内省の段階に進む」、「その瞬間の状態に気づくようになる」、「その気づきの流れの中で暮らすようになる」という自己認識のステップを経れば、本当の自分の状態に入れるという（107頁参照）。「私たちが静かに正直に心の内を見つめ、今まで塞ぎ続けてきた奥深い内面の声を聴く時に」（同頁）、「本当の自分」が見えてくるのである。

著者は、心理学者ウイリアム・ジェイムズのことばを引用している。「『心底生きていると感じ、心の声がこれこそ本当の自分だと告げるような精神的特性を探し出しなさい。そして見つけたなら、それを追いかけなさい』」（108頁）。もうひとり、神学者のハワード・

サーマンの助言も引用している。「『世の中が何を必要としているかと問う必要はありません。何が自分を生き生きさせるかを問い、それを実行しなさい。なぜなら、世の中が必要としているものとは、生き生きと輝く人々だからです。』」(同頁)。生き生きと生きることができるためには、自分なりの目的が必要だ。自分がなにを求めて、どのように生きていくかが明確になれば、生き方はおのずと輝きだす。とはいえ、自分の声を聴くために心の底に降りていくことは容易ではない。その結果、方向が定まらず、くすんだ生活のなかで消耗しかねない。それを反転させうるのが、マインドフルネス実践なのだ。

本書の他の章では、人間同士の絆(つながりの経験)のもつ意味や、「私」から「私たち」へのパースペクティヴの転換、相手の話をアクティヴに聴くことによって開かれてくる世界、自分の力ではどうすることもできない現実を受容すること、感謝を知ることの意義などについて、いくつもの貴重な示唆が示されている。じっくり読んで、参考にしてほしい。

March　３月—２

読むことと書くこと

——贈ることば——

卒業生にとって、節目の季節としての3月が終わると、4月からはあたらしい生活が始まる。学生時代になにをしたか、しなかったかで、その後の方向はある程度まで決まる。本を読む習慣をもたなかったひとは、これからも本とは無縁なままに、多忙な生活を生きていくことになる可能性大である。他方で、本の魅力に触れたひとは、本をかたわらにおき、暇を見つけて本に親しむだろう。

『きみに贈る本』（中央公論新社、2016年）は、6人の作家（中村文則、佐川光晴、山崎ナオコーラ、窪美澄、朝井リョウ、円城塔）が若者を念頭においてお勧めの本を紹介したものである。新聞に連載され、好評を得た。3ページごとの短文集であるが、それぞれの作家が自分の読書経験を率直に語り、本を読む快楽や苦痛について述べている。ひとつの作品に対する愛と嫌悪という矛盾した心情をつづったものもある。

中村は、太宰治の『人間失格』を、「自意識と、他人への恐怖に苦しめられる男の人生記」（15頁）と特徴づけ、読んだときの経験をこう語っている。「僕は高校生の頃、他人（クラスメイト）たちが一つの教室に決められた時間に集まることに突然気持ち悪さを感じて、学校に行けなくなったのだけど、その時にこの小説を読んだ。読みながら僕は、『ここに書かれているのは僕だ！』という、『人間失格』を読んだ読者にとって典型的な反応をすることになった。悩んでいるのは自分だけではない、と思える感覚」（同頁）。中村は、自分が共感するような、あるいは嫌悪するような人物を描いた小説を読むことで、他人への想像力が養われると述べる。彼はまた、読書を通じて「自分の精神に滋養を与える時間」（16頁）を確保してほしいと読者に望んでいる。西加奈子の『サラバ！』をすすめる文章のなかにはこういう一文がある。「物語の中に身を置き、主人公を見つめ、時に同化しながら、自分のこれまでの人生やこれからの人生について考えることができる。／人の目をどうしても気にしてしまう人、ちょうどいま生き方を模索してる人などなど、たくさんの人におすすめです」（25頁）。

朝井リョウは、感動や共感とは異質な衝撃を与えてくる作品として、村田沙耶香の『殺人出産』をすすめている。朝井は著者をこう評している。「私たちの思考にびっしりと生えている常識をずるりと引っこ抜き、『ほら、意外とすぐ抜けたよ――』とその根っこをこちらに差し出してくるような小説家です。感動した、とか、共感した、とか、そういう感想を抱くより、読み終わったあとじっと考え込んでしまうような、そんな作品を書く方です」（146頁）。「共感できないことだからこそ、自分とは違う人の意見を掬い取り、視野を拡げる。今の自分の常識ではありえないことだからこそ、理解しようと思考する。わからない、ではなく、どうしてわからないのだろうと考えることで、わからないことすら自分の栄養分にしてしまう」（同頁）。他方で、朝井は心底共感できる作品として、豊島ミホの『神田川デイズ』を紹介している。朝井は、この本を大学生のときに読んで、共感するあまり狭いワンルームのアパートの床をのたうちまわったという（148頁参照）。「この本はそのまま、田舎から東京へ出てきたばかりの大学一年生の心臓をごそっと抜き取り、血の滴るそれを高く掲げながら学生街をぬらぬらと練り歩かんばかりでした」（149頁）。「頁を捲るたび、まるでヤスリでもかけられたかのように自分の心の形が整っていった感覚は、今でも忘れられません」（同頁）。

円城は、『人間失格』についてこう述べる。「どのあたりが苦手なのかというと、あれですね、何を当たり前のことをいつまでもくどくど書いているのだ、という気持ちになります。（中略）同じことを何度言うのか。文学には、何のためというものは関係ないとわかっていてもそうなるのです」（193〜194頁）。「主人公は自分が人間らしく振る舞えないことを強調しますが、これで『人間失格』というにはちょっと大人しすぎます。こういう人、たくさんいるし、もっとひどい人を知っているよとか言いたくもなるってものです」（194頁）。円城は、太宰の作品に対する屈折した感情をこう表現している。「なにかこう、紙面がまとわりついてくるような感覚が嫌です。嫌と思うのも嫌です。話題にするのも嫌なのに、こうして書いてしまうことが嫌なのです」（195頁）。読者によって好悪の差が激しい太宰だけに、共感するひとも少なくないだろう。

ナタリー・ゴールドバーグの『書けるひとになる！　魂の文章術』（小谷啓子訳、扶桑社、

２０１９年）は、書くことを主題にしている。書くということはどういう種類の経験なのか、文章を綴るときになにが起きているのか、なぜ書くのか、なにをどのように書くのか、書かないとどうなるのか、書くことをどのように生徒に教えるのかといった話題が満載である。書くことの喜びや楽しさを語る彼女の筆は弾んでいて、明るく、エネルギッシュな自伝的エッセー集である。原題は、Writing Down the Bones Freeing the Writer Within である。彼女は、この本についてこう紹介している。「これは書くことについての本だ。それと同時に、生きる修行としての書くこと、つまり、自分の人生の深奥まで探り、真正な人間になるための手段としての書くことについての本でもある」（6頁）。彼女にとって、書く修行は、自分の生のすべてと取り組むことである（7頁参照）。彼女は、自分の心の動きや、目の前の事物、風景などをよく見つめて、文章にすることこそがもっとも大切であると強調している。

ゴールドバーグは詩人、作家であり、創作クラスの講師を務めている。40年以上にわたって禅の修行を行い、いくつもの創作クラスでは、書くことと精神的な修行との結びつきを強調しながら授業を進めている。本書には、彼女の禅の先生である片桐大忍老師のことばが何度か引用されている。一箇所だけ引いてみよう。「『座禅をするとき、自分は消え失せなければならない。そうすれば座禅が座禅をしてくれる。（後略）』」（70頁）。ものを書くときの態度もそうあるべきだとゴールドバーグは考える。「書くという行為自体が文章を綴っていく。あなたは消え失せる。あなたはただ、自分の中を流れていく思考を記録するだけだ」(同頁)。余分なことを考えずに、書くことに専念すればよいのだという覚悟が述べられている。彼女は、文章の良い書き手になるためには、たくさん読むこと、真剣によく聴くこと、たくさん書くことが大切だと述べる。「考えすぎは禁物だ。言葉と音と色鮮やかな感情が生み出す熱の中に飛び込み、ペンを紙の端から端まで動かしつづけよう」(79頁)。

普段ものを書く習慣をもたないひとは、なぜ書くのか、どうして書かなければならないのかといぶかしく思うかもしれない。なぜと問うよりも、まずは書くことをすすめる現在のゴールドバーグも、かつてはこの問いをかかえていた。彼女は、「なぜ書くのか」のなかで、25年以上も前に雑誌に書いた文章を再録している。そこには、それまでずっと口をつぐんできたから、ひとりぼっちだから、みんなが話し忘れている物語があるからといった理由が並べてある(168〜169頁参照)。彼女は、このエッセーをこう締めくくっている。「書く理由は書く行為そのものの中にある。書くのは字が上手になりたいからであり、自分がばかだからであり、紙の匂いがたまらなく好きだからだ」(170頁)。

「第一の思考」のなかで、彼女は文章を書く場合のルールをあげている。手を動かす、書いたものを消さない、つづりや、句読点、文法などを気にしない、コントロールをゆるめる、考えない、急所を攻めるの6つである。このルールに従ってものを書くことは、

「自分の心の奇妙な癖をとらえるまたとないチャンス」（14頁）になるという。書くことを一種の修行と見なして続けてきたひとだから言える実践的アドバイスだ。

「エロティシズム—深刻なテーマ」では、「愛とエロティシズム」という大きなテーマで書くときのこつが書いてある。このテーマで書き始めても、自分が本当に言いたいことがなにであり、どうすればそこにたどり着くのかが分からないことはよくある（144頁参照）。そこで、彼女はこう提言する。「書き出しはつねに自分自身のことから始めよう。そして筆の流れに身をまかせるのだ。〝エロティシズム〟という言葉は重々しい。落ち着かないときは部屋を見まわして、小さな、具体的なものから書き始めよう」（144頁）。彼女はまた、このテーマには別の切り口で迫ることもできるとして、「あなたを熱い気分にするものは？」、「あなたが関係を持っているものは？」、「あなたが始めてエロティックな気分になったときのこと」といったテーマをあげている（146頁参照）。

「書くことは共同作業」のなかで、ゴールドバーグは、われわれが自分以外のさまざまなものとつながる存在であることを力説している。「自然の中でひとりきりになって書こうとするときでさえ、自分自身およびまわりのすべて—机、木、鳥、水、ペン—などと親しく交わらなくてはいけない。私たちは他の一切から分離した存在ではない。そう思うのはエゴの錯覚だ」（118頁）。彼女はまた、自分でものを書いているひとと知り合いになり、書いたものを見せ合うことも有意義だと言う（118頁参照）。自分ひとりで書いていると、ひとりよがりになったり、自己嫌悪に陥ったりして、先に進まなくなることがある。書いたものを知り合いに読んでもらい、意見や批判に耳を傾けることで、自分の書き物に対して違う態度で接することができるようになる。こうして、書くことは共同作業として成就するのだ。

本書のもっとも印象的なフレーズを引用しよう。「書くことを呼吸のように考えよう。庭いじりをしたから、地下鉄に乗ったから、クラスで教えたからといって、人は呼吸をやめたりはしない。書くこともそれと同じくらい基本的なことなのだ」（198頁）。アルベルト・マングエルは、読むことが呼吸と同じように必須のものだと述べた。ゴールドバーグにとって、書くことは死活問題なのである。彼女は、日常の絶え間ない実践を通じて、この境地に達している。この文書のあとに、1984年に書かれたノートが続く。「日々の生活の核心に触れながら、その中に立って書きつづけることによって、私の心はとことん開かれ、自分に対するやさしさが生じ、またそこから、まわりのすべてに対する慈悲が輝きでるからだ。その慈悲は、目の前のテーブルやコーラ、紙のストロー（中略）といったものに対してだけではなく、渦巻く記憶、心の奥にある憧れ、毎日対処しなければならない苦しみに対しても向かっていく。ペンを紙に走らせて、自分自身の心の中にある思考の固い殻を割り、自分に枷をはめるような考え方を捨て去れば、慈悲は内側から自然と現れてくる。／だからこそ、物書きになるのは非常に奥深いことなのだ。それは私が知る中でも最も深遠なことだ。それに代わるものはない、と私は思う」（198～199頁）。
周囲のものや隣人、風景などをじっくり見つめて書くことは、作家やエッセイストでもなければ日常生活の一部にはなりにくい。しかし、ゴールドバーグが言うように、書くことが変身を約束するのだとすれば、これは挑戦する価値のある試みである。

三宅香帆の『人生を狂わす名著50』（ライツ社、２０１７年）は、本を熱愛する20代の大学院生が書いたブックガイドである。ある書店のウェブサイトに掲載され、反響を呼んだ記事がもとになっている。ひとりでも多くのひとに人生を狂わすような本を読んでほしいという三宅の強い願いが伝わってくる。

「まえがきにかえて——人生が狂うってどういうこと？」のなかで、三宅は、自分の読書経験を振り返りながら、こう述べている。「私はあんなに『現実』から離れたくて本を読んでいたのに、いつのまにか、読んだ本によって、『現実』そのものを変えられてしまっているようなのです」（９頁）。彼女は、読書のおかげで、周りが疑わずに受け入れている生活のルートから逸脱し、世間的な常識の外に出てしまったのだ。締めくくりはこうだ。「役に立つとか立たないとかよりも、もっともっと大きな、遠くを見させてくれる存在として、『本』に触れていただけたなら。これから生きてくけっこう大変な人生を、一緒に戦ってくれるような本を、見つけていただけたなら。／私としては、これ以上幸せなことはありません。／一緒に、本を、物語を愛して生きていきましょうねっ」（14～15頁）。

本書では、ジェイン・オースティンの『高慢と偏見』から、カズオ・イシグロの『わたしを離さないで』までの全50冊、その次に読むお勧めの本として150冊が紹介されている。小説、評論、歌集、対談集、漫画などさまざまである。

「都会とか現代とか、『忙しさ』にちょっと疲れたあなたへ　『スティル・ライフ』」のなかでは、「人生を狂わせるこの一言」として、著者 池澤夏樹の名文が引いてある。「音もなく限りなく降ってくる雪を見ているうちに、雪が降ってくるのではないことに気付いた。その知覚は一瞬にしてぼくの意識を捉えた。目の前で何かが輝いたように、ぼくははっとした。雪が降るのではない。雪片に満たされた宇宙を、ぼくを乗せたこの世界の方が上へ上へと昇っているのだ。静かに、滑らかに、着実に、世界は上昇を続けていた」（67頁）。

三宅がもっとも熱を入れて書いているのが俵万智の『恋する伊勢物語』である。高校生のときに三宅はこの本を読み、俵万智は「伊勢物語に対する愛を共有した運命の相手」（359頁）になったという。「私が大好きで心から愛して恋している伊勢物語を、こんなふうに、もっとおもしろく読んでくれる人がいる！　『恋する伊勢物語』を読んで、感動したのはそこだった」（363頁）。「もしかすると、この『恋する伊勢物語』は、あなたにとってただの『つまらない物語』を実は『こんなにおもしろいものだった』とびっくりさせてくれる本かもしれない。もしかしたら、あなたを伊勢物語との恋に落としてくれるかもしれない」(364頁)。

「あとがき」から、三宅流で本を勧める箇所を引用する。「もうやだって泣きたいときとか、この先一生楽しいこともないんじゃないかって絶望したとき、本を読めばいいんです。本は、どうにもならないあなたの人生をちゃんと動かしてくれます(時には狂わせてきますけどね！)」(387頁)。「あなたがきついときつらいとき、誰もそばにいないとき。どうか、本だけでもそばにいてくれますように——そんな願いを込めて、私はこの本を書きました」(388頁)。本書は、数々の魅力的な本のエッセンスを、気軽に読めるように文体に工夫を凝らして、コンパクトに紹介している。気になる一冊があれば、ぜひ手にとって読んでほしい。

おわりに

本書は、『18歳の読書論——図書館長からのメッセージ——』シリーズの6冊目の本である。今回は、タイトルを『大学1年生の読書論——図書館長からのメッセージ——』に改めた。阪南大学の図書館長在職時代の2010年から大学のＨＰに書き始めた「おすすめの一冊」は、退職後にも連載させていただいているので、もう12年が経つ。

このような拙い書物が続けて6度までも日の目を見ることができたのは、多くの方々の寛容な忍耐に満ちたご助力のおかげである。まずもって御礼申しあげたいのは、拙文をすてきな画像で飾ってくださった図書館職員の井窪昭博さんと三笠範香さんはじめ、忙しい時間を割いて、「おすすめの一冊」のＨＰ掲載にご協力いただいている阪南大学図書館のスタッフのみなさんである。

また、「もういいかげんにしたら」と呆れつつも、毎回拙文の「てにおは」をチェックしてくれる妻のゆりえにもこの場を借りて御礼を言わなければならない。

そしてもちろん、これまでと同様に、出版のために骨を折ってくださった晃洋書房の井上芳郎さん、今回校正作業を担当してくださった坂野美鈴さん、お世話になった晃洋書房のみなさんにも衷心から感謝の念を表したい。みなさん本当にありがとうございました。

なお、本文中の敬称の省略については、お許しいただきたい。

京都では、四条通りの北側にあった大型書店が消えた。大阪の阿倍野では、近鉄駅近くのビルにあった、選書で定評のある書店が閉鎖された。筆者が住んでいる長岡京市では、JR長岡京駅前にあった、愛書家のためのこだわりの本をそろえていた書店が携帯ショップに変わった。長岡京市では、この数年で6件の本屋さんが廃業し、残りは一軒のみとなった。インターネットの普及やアマゾンの台頭などによって、これからも町の小さな本屋さんは減っていくだろう。

しかし、本を読む時間を楽しみ、著者との対話を続けるひとがいなくなることはないだろう。いい本には、読み手を刺激し、変身を促す力がある。その力をもらって生きていけるひとは幸いだ。

本書では、若い読者を念頭にお勧めの本を選んだ。たまにはスマホ脳から活字脳に切り換えて、ことばがきざむ世界を訪ねてほしい。読書で始まる冒険がある。ひとりでもその冒険にチャレンジすることを期待したい。

和田　渡

2021年　初秋

晃洋書房

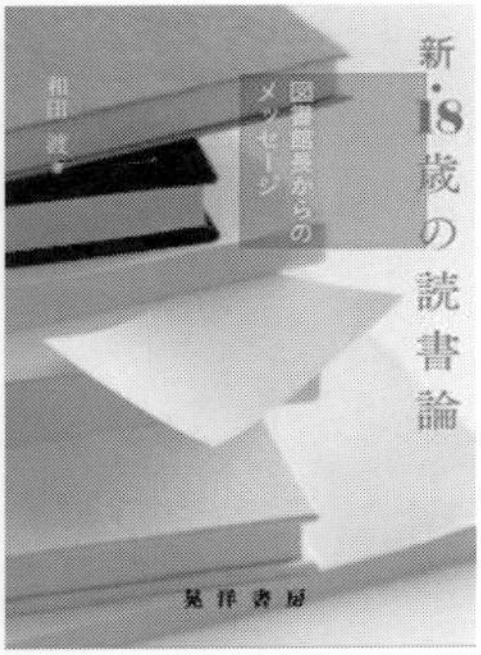

新・18 歳の読書論
—図書館長からのメッセージ—
和田 渡 著
四六判 230 頁 2970 円（税込）

18 歳の読書論
—図書館長からのメッセージ—
和田 渡 著
四六判 152 頁 1870 円（税込）

20 歳の読書論
—図書館長からのメッセージ—
和田 渡 著
四六判 288 頁 3190 円（税込）

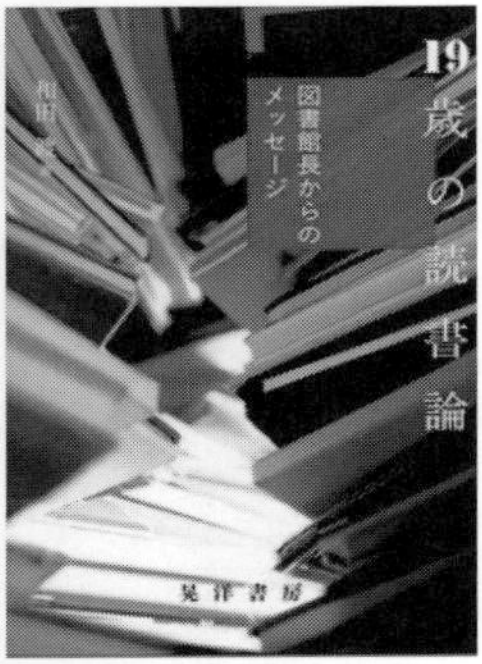

19歳の読書論
—図書館長からのメッセージ—
和田 渡 著
四六判 270 頁 3080 円（税込）

続・18 歳の読書論
—図書館長からのメッセージ—
和田 渡 著
四六判 186 頁 2310 円（税込）

著者紹介

和 田　　渡（わだ　わたる）

1949年生まれ
同志社大学大学院文学研究科博士課程単位取得
現　在　阪南大学名誉教授
専　攻　哲学

著　書
『自己の探究』ナカニシヤ出版，2005年．
『18歳の読書論――図書館長からのメッセージ――』晃洋書房，2013年．
『続・18歳の読書論――図書館長からのメッセージ――』晃洋書房，2014年．
『新・18歳の読書論――図書館長からのメッセージ――』晃洋書房，2016年．
『19歳の読書論――図書館長からのメッセージ――』晃洋書房，2018年．
『20歳の読書論――図書館長からのメッセージ――』晃洋書房，2020年．
共　訳
『身体　内面性についての試論』ナカニシヤ出版，2001年．
『使える現象学』筑摩書房（ちくま学芸文庫），2007年．

大学１年生の読書論
――図書館長からのメッセージ――

2022年２月20日　初版第１刷発行　　＊定価はカバーに表示してあります

著　者　和　田　　渡©
発行者　萩　原　淳　平
印刷者　藤　森　英　夫

発行所　株式会社　晃　洋　書　房
〒615-0026 京都市右京区西院北矢掛町７番地
電話 075(312)0788番(代)
振替口座　01040-6-32280

装丁 ㈱クオリアデザイン事務所　　印刷・製本　亜細亜印刷㈱

ISBN978-4-7710-3578-2

人名索引

あ

アウスレンダー, ローゼ　148, 149, 151–154
朝井リョウ　258, 259
あさのあつこ　18, 19
アナクシマンドロス　226
阿部能成　218
荒川重理　125
荒木経惟　64, 65
アラン　160
有吉佐和子　244
アルゲリッチ, マルタ　105
池澤夏樹　266
イシグロ, カズオ　266
石牟礼道子　244
いせひでこ　243
伊藤亜紗　14, 15
稲垣栄洋　130
犬養道子　142–145
茨木のり子　219, 223
岩橋邦枝　214, 216, 218
上田紀行　14
宇野亞喜良　64
栄西禅師　208
懐奘禅師　208
エッカーマン, ヨハン・ペータ　242
エピクテトス　229
エマソン, ラルフ・ワルド　244
エリチエ, フランソワーズ　180, 181, 184, 188, 189
エンゲルブレヒト, ハンス　95, 96
円城塔　258, 260
閻連科　130
欧陽修　127
岡仁詩　53
奥本大三郎　124–126, 129
小田実　20
オバマ, バラク　247
オルテガ, ホセ・イ・ガセット　191–193, 196–200

か

頭木弘樹　21–23
カーソン, レイチェル　236–244
片桐大忍　261
片野郁子　108
桂米朝　21
金井紫雲　125
金子大栄　203, 204
金子みすず　21
カフカ, フランツ　21, 23
カポーティ, トルーマン　137
亀井勝一郎　9–11
唐木順三　218
河合栄治郎　2–6
カント, イマヌエル　75, 133, 191

キイス，ダニエル　23
北村妃呂惠　32
キッシュ，ダニエル　54-56
ギブソン，ジェームズ　50
キャメロン，ピーター　44
清原和博　58-64
空海　244
クッツェー，J・M　133
窪美澄　136, 258
クリーガー，マイク　248
グリモー，エレーヌ　90, 95-99
クロイツァー，レオニード　101, 103
ゲイツ，ビル　247
ゲイツ，メリンダ　247
ゲーテ，ヨハン・ヴォルフガング・フォン　242, 243
ケルトナー，ダッカー　248
孔子　225, 249
甲本ヒロト　64, 66
ゴーギャン，ポール　25
コルトー，アルフレッド　105
ゴールドバーグ，ナタリー　260-265

さ

佐川光晴　258
サザーランド，ジョン　i
佐藤多佳子　20
佐藤雅彦　64, 66
サーマン，ハワード　255
サリー，アン　20
サン＝テグジュペリ，アントワーヌ・ド　51
シェイクスピア，ウィリアム　158
ジェイムズ，ウイリアム　255
オースティン，ジェイン　266
釈迦牟尼（ブッダ）　225
釈尊　210
シューベルト，フランツ　186
ショパン，フレデリック　104
ジョルダーノ，パオロ　36-38, 41
シラー，フリードリヒ・フォン　22
白井崇陽　110
ジン，ジョン・カバット　253
ジンバルドー，フィリップ　251
親鸞　203-209, 212
須賀敦子　158
スキラーチェ，ドメニコ　42, 43
鈴木泰堂　58-64
スターリン，ヨシフ　84
隅谷三喜男　14
清少納言　127
セパーラ，エマ　248
セバレンジ，ジョセフ　118-122
セメツキー，アレキサンダー　110
ソクラテス　225, 226
ソフォクレス　36
ソポクレス　237
ソロー，ヘンリー・デイヴッド　244

た

第266代ローマ教皇フランシスコ　249
高野文子　64
太宰治　21, 258, 260
タジョ，ヴェロニク　113, 115-118, 122

多田満　243
田中幸子　108, 110
田辺元　214, 217, 218
谷川俊太郎　64, 65
田上太秀　212
為末大　47-52, 54
俵万智　266
鶴見和子　244
デカルト, ルネ　127, 191, 196, 203
デモクリトス　116, 226, 228-230, 232
デュマ, アレクサンドル　20
寺田寅彦　126
道元　208-212
ドーキンス, リチャード　50
ドストエフスキー, フョードル　21, 22
豊島ミホ　259
トレネ, シャルル　187

な

中勘助　214
中島岳志　201
長田弘　ii, iv, 242, 243
中野民夫　16-18
中村文則　258
梨木香歩　69-72, 74-76
夏目漱石　214-216, 219
ナポレオン, ボナパルト　158
西加奈子　259
ニーチェ, フリードリヒ　11
新渡戸稲造　249
ネフ, クリスティーン　250, 251
ネミロフスキー, イレーネ　148
野上豊一郎　214, 215, 218
野上彌生子　214-219, 222
野口晴哉　52
野田あすか　105-111
野田恭子　105
野田福徳　105

は

バーンスタイン, レナード　102
パウロ　82
萩尾望都　64, 66
パスカル, ブレーズ　76, 83, 145, 229, 232
長谷川宏　77
畑谷史代　20
ハートリー, スコット　28, 29, 31, 32
ハラリ, ユヴァル・ノア　25, 29, 32
バルタリ, ジーノ　187
ハーン, ラフカディオ　127
ヒトラー, アドルフ　84
ヒューム, デイヴィッド　249
平尾剛　51-56
廣川洋一　225
フランクル, ヴィクトール　50
フランコ, フランシスコ　191
プルタルコス　158-167
ブレイク, ウィリアム　127
プロタゴラス　226
ベアトリス, ベリュ　94
ヘーゲル, ゲオルク・ヴィルヘルム・フリードリヒ　77
ベーコン, フランシス　158

ヘッセ，ヘルマン　126
ベートーベン，ルートヴィヒ・ヴァン　101
ヘミング，フジコ　101-104
ヘラクレイトス　226, 227
ホイジンガ，ヨハン　49
ホイットマン，ウォルト　22
星友啓　247, 249, 250
ボッカッチョ，ジョヴァンニ　43
ホッファー，エリック　79, 81-88
ボードレール，シャルル　93
穂村弘　64, 66
ホワイト，E・B　237

ま

マッカラーズ，カーソン　21
マーフィ重松，スティーヴン　252
マングェル，アルベルト　264
マンゾーニ，アレッサンドロ　42, 43
三木清　6-9
三田誠広　204, 205
南方熊楠　244
三宅香帆　265-267
村田沙耶香　138, 143, 259
ムラネ，ラウラ・アン　118
森本二太郎　238
モンゴメリ，ルーシー・M　20
モンタン，イヴ　187
モンテーニュ，ミシェル・ド　83, 158, 171, 230

や

山川登美子　220
山崎正一　209
山崎ナオコーラ　258
ヤンソン，トーベ　20
ユンガー，エルンスト　126
ユング，カール・グスタフ　66
横井也有　126
横尾忠則　64, 65
与謝野晶子　219-223
与謝野鉄幹　220, 221
与謝野寛　222
吉田戦車　64
吉野源三郎　69, 72, 74-76

ら

ラマ，ダライ　248, 249
ラローチェ，アリシア・デ　105
リスト，フランツ　104
ルソー，ジャン＝ジャック　158, 169-178
ルナン，エルネスト　83
レヴィ＝ストロース，クロード　181
レヴィナス，エマニュエル　141, 143
レオポルド，アルド　244
ロシュフコー，ラ　76, 229

書 名 索 引

あ

愛をめぐる対話　他三篇　167
赤毛のアン　20
遊ぶが勝ち　ホモ・ルーデンスで、君も跳べ！　47
あの人に会いに　穂村弘対談集　64
雨の言葉　ローゼ・アウスレンダー詩集　148, 156
アララギ　222
アルジャーノンに花束を　23
アンティゴネー　36, 237
いいなづけ　42
いかなる証人も生きのびてはならない　ルワンダのジェノサイド　117
生き物の死にざま　130
和泉式部日記　222
ウォールデン――森の生活　244
海辺　236
ＡＩ時代を生きる哲学　ライフケアコーチング　未知なる自分に気づく12の思考法　32
栄華物語　219
英雄伝　159
エセー　83, 158, 230
エミール　170
エリック・ホッファー自伝　構想された真実　79, 83
大鏡　219
落窪物語　219
オルテガ　大衆の反逆　多数という驕り　201

か

海神丸　214
学問芸術論　170
書けるひとになる！　魂の文章術　260
神の影　ルワンダへの旅――記憶・証言・物語　113
神田川デイズ　259
完訳　ファーブル昆虫記　125
君死にたもうことなかれ　与謝野晶子の真実の母性　219
君たちはどう生きるか　69, 74
きみに贈る本　136, 258
旧約聖書　38, 43, 133
ギリシア喜劇名言集　232
ゲーテとの対話　242
源氏物語　214, 219, 222
現代青春論　9
恋する伊勢物語　266
幸福のリアリズム　142
高慢と偏見　266
古今集　214
告白　170, 172
こころにとどく歎異抄　204
個人と社会　人と人々　191, 192

孤独な散歩者の夢想　158, 169, 170
これからの時代を生きる君たちへ　イタリア・ミラノの校長先生からのメッセージ　42
コロナの時代の僕ら　36

さ

最初の質問　243
殺人出産　138, 259
サピエンス全史　文明の構造と人類の幸福　25
Someday This Pain Will Be Useful To You　44
さよなら、ニルヴァーナ　136
サラバ！　259
幸せのレッスン　90, 99
潮風の下で　236
しがらみ草紙　219
社会契約論　170
10代の本棚　こんな本に会いたい　18
趣味の昆蟲界　125
饒舌について　他五篇　159
正法眼蔵　212
正法眼蔵随聞記　208
食卓歓談集　167
新・大学でなにを学ぶか　14
新エロイーズ　170
人生の塩　豊かに味わい深く生きるために　180
人生を狂わす名著50　265
新版　学生に与う　2
新万葉集　222
随想録　171
スタンフォード式生き抜く力　247
スタンフォード大学　マインドフルネス教室　252
スティル・ライフ　266
政治経済論　170
青春論　9
聖書　144
生態学的視覚論　ヒトの知覚世界を探る　50
絶望読書　苦悩の時期、私を救った本　21
センス・オブ・ワンダー　238, 241
センス・オブ・ワンダーへのまなざし　レイチェル・カーソンの感性　243
ソクラテス以前の哲学者　225
素数たちの孤独　36

た

大学でなにを学ぶか　14
大衆の反逆　191
対比列伝　159
対訳　ブレイク詩集——イギリス詩人選（4）　128
タオ　51
たどりつく力　101
魂の錬金術　エリック・ホッファー全アフォリズム集　83
魂問答　58
歎異抄　203, 204
近くて遠いこの身体　51
蝶　126
沈黙の春　237, 244
徒然草　214, 222

定義集　160
道元の考えたこと　212
遠い朝の本たち　158
読書からはじまる　ii
読書と人生　6
図書　69

な

何でも見てやろう　20
似て非なる友について　他三篇　167
日本古典全集　222
日本人の精神史研究　9
人間失格　258, 260
人間不平等起源論　170
年月日　130

は

葉隠　51
発達障害のピアニストからの手紙　どうして、まわりとうまくいかないの？　105
秀吉と利休　214, 218
評伝　野上彌生子　迷路を抜けて森へ　214
FUZZY–TECHIE　イノベーションを生み出す最強タッグ　28
武士道　51
フランス組曲　148
プルターク英雄伝　158
プルタルコス英雄伝　167
変身　23
方法序説　203
僕は、そして僕たちはどう生きるか　69
星の王子さま　51
ホモ・デウス　29, 32
ホモ・デウス　テクノロジーとサピエンスの未来　25
ホモ・ルーデンス　49, 50
ほんとうのリーダーのみつけかた　69

ま

枕草子　127, 214
真知子　214
みだれ髪　221
明星　220-222
ムーミン　20
虫から始まる文明論　130
蟲と藝術　125
虫の文学誌　124
紫式部日記　222
迷路　214, 218
モラルの話　133
森　214, 218
モンテ・クリスト伯　20
モンテーニュ　エセー抄　230

よ

よしあし草　220
夜と霧　50

ら

利己的な遺伝子　50
倫理論集　159
ルワンダ・ジェノサイド　生存者の証

言　憎しみから赦しと和解へ　118
冷血　137
論語　225

わ

若菜集　219
わたしを離さないで　266
われらをめぐる海　236